A MENTIRA

CONTRA A MENTIRA

Dados Internacionais de Catalogação na Publicação (CIP)
(Câmara Brasileira do Livro, SP, Brasil)

Agostinho, Santo, Bispo de Hipona, 354-430
  A mentira | Contra a mentira / Agostinho, Santo, Bispo de Hipona ; tradução de Alessandro Jocelito Beccari, Frei Ary E. Pintarelli. – Petrópolis, RJ : Vozes, 2024. – (Coleção Pensamento Humano)

  Títulos originais: De mendacio | Contra mendacium.
  ISBN 978-85-326-6985-8

  1. Agostinho, Santo, Bispo de Hipona, 354-430 2. Cristianismo 3. Dialética 4. Filosofia 5. Mentiras e verdades I. Título. II. Série.

24-216422
CDD-241.3

Índices para catálogo sistemático:
11. Veracidade e falsidade : Aspectos religiosos : Cristianismo   241.3

Eliane de Freitas Leite – Bibliotecária – CRB 8/8415

Santo Agostinho

A MENTIRA
CONTRA A MENTIRA

Tradução de Alessandro Jocelito Beccari e Frei Ary E. Pintarelli

EDITORA VOZES

Petrópolis

Tradução do original em latim intitulado *De mendacio* e *Contra mendacium*

© desta tradução:
2024, Editora Vozes Ltda.
Rua Frei Luís, 100
25689-900 Petrópolis, RJ
www.vozes.com.br
Brasil

Todos os direitos reservados. Nenhuma parte desta obra poderá ser reproduzida ou transmitida por qualquer forma e/ou quaisquer meios (eletrônico ou mecânico, incluindo fotocópia e gravação) ou arquivada em qualquer sistema ou banco de dados sem permissão escrita da editora.

CONSELHO EDITORIAL

PRODUÇÃO EDITORIAL

Diretor
Volney J. Berkenbrock

Editores
Aline dos Santos Carneiro
Edrian Josué Pasini
Marilac Loraine Oleniki
Welder Lancieri Marchini

Conselheiros
Elói Dionísio Piva
Francisco Morás
Gilberto Gonçalves Garcia
Ludovico Garmus
Teobaldo Heidemann

Secretário executivo
Leonardo A.R.T. dos Santos

Aline L.R. de Barros
Jailson Scota
Marcelo Telles
Mirela de Oliveira
Natália França
Otaviano M. Cunha
Priscilla A.F. Alves
Rafael de Oliveira
Samuel Rezende
Vanessa Luz
Verônica M. Guedes

Diagramação: Editora Vozes
Revisão gráfica: Anna Carolina Guimarães
Capa: Editora Vozes

ISBN 978-85-326-6985-8

Este livro foi composto e impresso pela Editora Vozes Ltda.

SUMÁRIO

A mentira, 11

Dificuldade do assunto a ser examinado 13

Piadas não são mentiras. 14

O que é a mentira. Se, para mentir, é necessário ou
suficiente que exista a vontade de enganar 15

Porque mentir às vezes pode ser útil ou lícito. 17

Se uma mentira poderia ser útil ocasionalmente é uma
questão muito maior e necessária 20

A opinião segundo a qual às vezes se deve mentir 21

A opinião segundo a qual nunca se deve mentir 22

Os exemplos a favor da mentira retirados do Antigo
Testamento são postos por terra 23

Não há exemplo de mentira à disposição no
Novo Testamento. A circuncisão de Timóteo não foi simulada.
Pedro foi corrigido de bom grado por Paulo 24

A mentira não é autorizada, seja pela vida comum, seja pelos
exemplos das Escrituras 27

A mentira é uma iniquidade que leva a alma à morte
e não deve ser admitida nem mesmo em prol da salvação
temporal de alguém 28

Não se deve mentir para defender a castidade levando-se em
conta a luxúria 30

Não se deve mentir com a intenção de ajudar outras
pessoas a se salvar 32

Alguns opinam que a mentira deve ser permitida quando afasta um homem da possibilidade de ser violentado sexualmente por outro 34

Esse argumento e exemplo são refutados 35

Os pecados dos outros não devem ser imputados àquele que pode impedi-los com um pecado mais leve. Não é cúmplice dos pecadores aquele que não deseja pecar para coibi-los. Cada um deve antes evitar seus próprios pecados mais leves do que os mais pesados dos outros 37

Acaso não se deve mentir para evitar a impureza do corpo?. . . 39

As mentiras que prejudicam outras pessoas não devem ser admitidas para evitar a impureza do corpo 41

A mentira nunca é permitida no que diz respeito à doutrina religiosa 42

Mentiras que não prejudicam ninguém e podem ser úteis quando aceitas 44

Se existem mentiras honestas que não são benéficas nem prejudicam quem quer que seja 45

Dar falso testemunho sempre equivale a mentir? 46

O falso testemunho e a mentira 47

É possível mentir para não entregar um homicida ou um inocente que está sendo procurado para ser justiçado? 48

O Bispo Firmo de Tagaste não quis mentir nem trair e foi capaz de suportar tormentos 50

O que responderás quando, ciente do paradeiro, fores interrogado sobre alguém que está sendo procurado para ser morto 52

Oito tipos de mentira 53

Porventura se deve mentir quando uma condição inevitável é proposta 55

Nesse caso, devem ser levadas em consideração as santas autoridades, que proíbem a mentira, e os ensinamentos que se derivam das ações dos santos 56

O preceito que ordena oferecer a outra face 57

O preceito de não jurar por motivo algum 58

O preceito de não pensar no amanhã 59

O preceito segundo o qual os apóstolos deveriam nada
levar em suas viagens 60

A boca dúplice de voz e coração: *sobre essa boca seja dito*:
A boca que mente etc. 61

O Evangelho também menciona uma boca do coração 63

Se somente é proibida aquela mentira com a qual se
difama alguém 64

O vers. 7 do Sl 5 também deve ser entendido de três modos . . 65

Está escrito: *Destróis todos os que falam a mentira* 67

Como deve ser entendido o preceito que proíbe dar falso
testemunho 68

Como se deve interpretar outra passagem da Escritura 69

O que foi encontrado até o momento a respeito dos dois
lados da investigação precedente 70

O erro na avaliação do mal nasce da parcialidade e
do costume. Os dois lados de nossa vida 72

Os pecados menores: se acaso são admitidos não
pela utilidade temporal, mas talvez para a
conservação da santidade 74

O pudor em relação ao corpo, a integridade da alma
e a verdade da doutrina devem ser conservados em
favor da santidade 75

O pudor do corpo não é motivo para mentir.
Quando a fé é declarada. A pureza da alma 77

Epílogo 79

Os defensores da mentira são como cegos 81

Contra a mentira, 83

Os que abusam das mentiras para se esconder, não devem ser arrancados de seus esconderijos por nossas mentiras. 85

O erro dos priscilianistas sobre o uso de mentiras para esconder-se aos outros. 87

Esta afirmação dos priscilianistas torna os martírios absolutamente vãos. 88

É mais perniciosa a mentira dos católicos para converter os hereges, do que a mentira dos hereges fugir dos católicos. 90

Demonstra-se a coisa por um exemplo. 92

Querer converter os priscilianistas pela mentira é ser corrompido com eles. 93

Mentindo para um, significa não ter a fé nos outros. 94

É mais tolerável que um priscilianista minta ocultando sua heresia, do que um católico ocultando a verdade. 95

Se os católicos mentirem que são priscilianistas agem pior do que os priscilianistas se mentirem que são católicos. 97

Quer mentindo, quer fingindo, nunca é permitido negar a Cristo diante dos homens. 99

Objeções e respostas. 100

Do mesmo modo, refutam-se as coisas que podem ser objetadas. 101

Não basta crer com o coração, se com a boca também se negar a Cristo. 102

Para compreender o Salmo 14,3, no qual se louva quem fala a verdade no coração. 103

Igualmente, o Apóstolo ao ordenar que falemos a verdade com o próximo. 104

São tolerados os que não pregam a verdade com a verdade, não os que anunciam a falsidade. 105

Não se deve admitir a mentira, mesmo que seja dita com alguma boa intenção. 106

Conforme a finalidade, alguns atos tornam-se bons ou maus, outros são um pecado por si mesmo: estes não devem ser feitos nem por qualquer finalidade boa. 108

Pela intenção, uma coisa é pecado mais leve do que outra; todavia, não se deve fazer o mais leve, porque, muitas vezes, sendo de outro gênero, o pecado é mais grave. 111

Os pecados compensativos nem devem ser admitidos. O fato de Lot, que ofereceu suas filhas aos estupradores Sodomitas. 112

Perturbados pelo temor, não devemos imitar o exemplo de Lot. Nem o exemplo de Davi, que jura diante da ira. 114

O que Davi ou o próprio Lot deveriam fazer. Nem todas as coisas feitas pelos santos devem transformar-se em costumes. . 116

Exemplos buscados nas Escrituras para julgar a mentira. Uma coisa é ocultar a verdade, outra é proferir mentiras. Defende-se a mentira de Abraão e de Isaac. 118

O ato de Jacó não é mentira. Tropos não são mentiras. Por isso, há metáforas, antífrases e tropos nas Escrituras. . . . 120

O tríplice modo de debater contra aqueles que querem usar as divinas Escrituras como justificativas para suas mentiras. . . . 123

Alguns exemplos de verdadeiras mentiras das velhas Escrituras, do Novo Testamento, porém, nada se mostra. 125

Separam-se passagens do Evangelho que parecem apoiar a mentira. 128

Simbolicamente, Cristo fingiu não saber o que sabia. Também, profética e figuradamente, fingiu ir mais adiante. . . 129

Exemplos da Escritura antiga, se ali se narrarem mentiras dos homens, não devem ser imitadas. 131

Para não imitar a fornicação de Judá, nem a mentira de Tamar. 132

A mentira é sempre injusta, já que é pecado e contrária à verdade. 133

Com as parteiras Hebreias e com Raab não se remuneraram os erros, mas a benevolência. 134

As tarefas eternas e imortais não devem ser buscadas por
nenhuma mentira... 135

Talvez, às vezes, bons homens poderiam mentir
para a salvação do outro............................... 136

As parteiras Hebreias e Raab teriam agido melhor não
querendo mentir...................................... 137

Regra pela qual devem ser redigidas as coisas que
nas Escrituras são ditas como exemplos de mentira......... 139

Se se deve esconder ao doente o que lhe traria a morte.
Não se deve temer que a verdade homicida não seja dita. ... 140

Permitida a mentira no caso proposto, como é
difícil fingir as finalidades com mentiras, para não
crescerem até pecados graves......................... 142

Para ensinar ao que duvida se não deve cometer um
estupro, da mesma forma não se deve mentir.............. 144

Se de outra forma permitem-se as mentiras, deve-se temer
que não progrida até os perjúrios e as blasfêmias. 145

Se se deve mentir, ao menos, pela salvação eterna do
homem. Em perigo de salvação eterna, assim como não
se deve apoiar o homem no estupro, também não se deve
apoiá-lo na mentira, que é um verdadeiro pecado........... 146

Epílogo 149

A MENTIRA

DIFICULDADE DO ASSUNTO A SER EXAMINADO

1. 1. Há uma grande questão sobre a mentira que frequentemente nos inquieta, mesmo em nossas ações cotidianas: ou reprovamos como mentira o que talvez não seja mentira, ou por vezes julgamos necessário mentir uma mentira honesta, conforme o dever e a misericórdia. Trataremos com cuidado dessa questão, procurando fazer as perguntas que usualmente são feitas a seu respeito. Entretanto, caso encontremos muito pouco, ou se porventura nada seja estabelecido por nós, esse tratado o indicará satisfatoriamente ao leitor atento. De fato, é uma questão extremamente sorrateira, que com frequência ilude a atenção e foge do investigador, ocultando-se em seus antros cavernosos: quando encontrada, escorrega das mãos, depois aparece outra vez e novamente se esvai. No final, todavia, uma caçada bem planejada irá capturar aquilo que tínhamos em mente. Se nela houver algum erro, assim como a verdade liberta de todo erro, a falsidade implica nele. Penso que nunca se erre com mais segurança como quando se erra por amor extremo à verdade e rejeição máxima da falsidade. Para aqueles que nos repreenderem severamente dizendo que isso é um exagero, a própria verdade talvez diga que ainda é insuficiente.

Quem quer que sejas que estiveres lendo, não repreendas nada, com conhecimento de causa, sem antes teres lido até o fim, e assim repreendas menos. Não busques eloquência. Debruçamo-nos muito sobre esses assuntos; porém, tivemos pressa de terminar esta obra tão necessária para a vida cotidiana. Por isso, nosso cuidado com as palavras foi tênue ou quase nulo.

PIADAS NÃO SÃO MENTIRAS

2. 2. Deve-se abrir uma exceção para as piadas, pois nunca foram consideradas mentiras, já que têm um sentido muito evidente pelo modo como são contadas e também pelo estado de ânimo do piadista. Assim, não são de modo algum enganadoras, embora não enunciem a verdade. Que gênero de proveito representam para as almas perfeitas é outra questão, que não nos encarregamos de esclarecer. Portanto, excetuados os gracejos, a primeira coisa a fazer é não ter em conta que esteja mentindo quem não mente.

O QUE É A MENTIRA. SE, PARA MENTIR, É NECESSÁRIO OU SUFICIENTE QUE EXISTA A VONTADE DE ENGANAR

3. 3. Portanto, é necessário compreender o que seja a mentira. Pois não é todo aquele que diz algo falso que está mentindo, se crê ou opina ser verdade o que diz. Crer e opinar são diferentes nisto: às vezes aquele que crê sente que não tem conhecimento daquilo em que acredita – mesmo que não duvide em hipótese alguma que não saiba aquilo que ignora, se crê firmemente. Porém, quem opina, julga saber o que desconhece. Ora, quem quer que enuncie algo que, em sua mente, tenha acreditado ou opinado, mesmo que seja falso, não mente. Pois deve isso à enunciação de sua fé: profere, por meio dela, aquilo que tem em mente e acredita ser como profere. Entretanto, não é sem vício, porque ainda que não minta, caso acredite em coisas nas quais não deveria acreditar ou ignore se sabe aquilo que pensa, toma o desconhecido pelo conhecido. É por isso que diz uma mentira quem tem uma coisa em sua mente e enuncia outra por meio de palavras ou quaisquer outros signos. Daí que se diga que o coração do mentiroso é duplo, ou seja, que nele existe um raciocínio duplo: pensa ou sabe a verdade de uma coisa, mas não a exprime, e diz outra no lugar daquela, sabendo ou pensando que é falsa. Do que resulta que se pode dizer que é falso aquele que não mente, se pensa ser verdade o que diz, e que é possível considerar verdadeiro aquele que mente, caso pense enunciar o falso no lugar do verdadeiro, embora seja realmente o contrário que enuncia.

Portanto, é a partir da opinião de sua mente, e não das próprias coisas, que deve ser julgada a verdade ou a falsidade daquele que está mentindo ou não. E, assim, aquele que enuncia o falso no lugar do verdadeiro, julgando ser o falso verdadeiro, pode ser considerado errôneo ou temerário, mas não pode ser tido, de maneira isenta, como mentiroso, porque, ao enunciar, não tem um coração duplo, nem deseja enganar, mas é enganado. Porém, a culpa do mentiroso é o desejo de mentir enunciado em sua própria alma: ou quando engana, caso se dê crédito àquilo que ele diz, ou não engana: seja quando não se acredita nele seja quando enuncia uma verdade que pensa não ser verdadeira com a intenção de enganar. Porque, quando se crê nele, em todo caso, não engana, embora desejaria enganar: somente engana na medida em que se julga que ele sabe ou pensa como enuncia.

3. 4. Em todo caso, é possível perguntar, de modo ainda mais sutil, se porventura, quando está ausente a vontade de enganar, a mentira esteja inteiramente ausente.

PORQUE MENTIR ÀS VEZES PODE SER ÚTIL OU LÍCITO

4. 4. E se porventura alguém, dizendo algo falso, que presume falso, faça isso, no entanto, porque pensa que não será crido, para que, desse modo, com uma falsa fé, detenha seu interlocutor, o qual percebe que não deseja acreditar nele? Aqui, de fato, mente-se de forma intencional para não enganar – se mentir é enunciar algo diferente do que se sabe ou pensa ser o caso. Se, porém, a mentira não existe a não ser quando algo é enunciado com a intenção de enganar, não mente aquele que diz algo falso, mesmo que saiba e julgue ser falso o que diz, para que seu interlocutor, não crendo nele, não se engane, já que o emissor sabe ou pensa que não será crido pelo interlocutor. Portanto, parece possível que alguém fale algo para que outra pessoa não se engane, porque sente que não será crido por ela. Mas existe o caso oposto: quando algo é dito para que o outro se engane. Pois quem fala a verdade porque sente que não será crido, justamente por esse motivo diz a verdade para que o outro se engane, já que, principalmente porque é ele o emissor, sabe ou presume que a outra pessoa julgue que é falso o que está dizendo. Eis porque, quando se diz algo verdadeiro para que seja julgado como falso, a verdade é dita para enganar.

Logo, deve-se perguntar se mente mais aquele que diz algo falso para não enganar, ou aquele que, para enganar, diz a verdade – tendo em conta que o primeiro sabe ou pensa que diz algo falso, enquanto o segundo pensa ou sabe que diz algo verdadeiro. Pois já dissemos que não mente aquele que não sabe que é falso o que enuncia, se julga dizer a verdade, e que mente mais aquele que enuncia a verdade quando pensa dizer algo falso: porque o que deve ser julgada é sua opinião íntima.

A questão que propomos sobre esses dois casos não é pequena. Uma pessoa pode saber ou pensar que é falso o que diz e, por esse motivo, dizê-lo para não enganar. Assim, por exemplo, se alguém sabe que uma estrada está tomada por ladrões e teme que outra pessoa siga por essa estrada, sabendo que a outra pessoa não lhe dará crédito, dirá que não existem ladrões na mesma, para que, desse modo, seu interlocutor não ande por essa estrada. Ou seja, o emissor crê que existem ladrões na estrada, mas declara o oposto para que seu interlocutor não acredite nele pensando que ele está mentindo. No entanto, outra pessoa, de maneira oposta, sabendo e julgando ser verdade o que diz, falará a verdade para enganar. Pois, quando o emissor diz à pessoa que não acreditará nele que há ladrões naquela estrada, na qual o emissor sabe que há, ele faz isso para que seu interlocutor siga com maior confiança pela mesma, e, consequentemente, encontre os ladrões, já que pensava ser falso o que o emissor dizia. Qual dos dois mentiu? Aquele que escolheu dizer algo falso para não enganar ou aquele que preferiu falar a verdade para enganar? O primeiro que, ao declarar uma falsidade, fez com que uma verdade resultasse daquilo que disse? Ou o segundo, que, falando a verdade, fez com que se seguisse uma falsidade do que declarou? Será que ambos mentiram? O primeiro, porque quis dizer uma falsidade? O segundo, porque quis enganar? Será que nenhum dos dois mentiu?

O primeiro, porque não teve intenção de enganar? O segundo, porque teve vontade de dizer a verdade? Não se trata aqui de saber qual dos dois pecou, mas qual deles mentiu. Porque logo vemos que o segundo pecou ao dizer a verdade, fazendo com que a outra pessoa encontrasse os ladrões, e o primeiro obviamente não pecou, pois, dizendo algo falso, fez com que a outra pessoa evitasse a ruína.

Mas esses exemplos podem ser invertidos: alguém pode querer que a outra pessoa, a qual não quer enganar, sofra algo mais grave. De fato, muitos, ao saber de coisas verdadeiras, trouxeram a ruína sobre si, quando essas coisas foram de tal gravidade que deveriam ter sido escondidas deles. E pode ser que se deseje levar alguma vantagem sobre a pessoa a quem se quer enganar. De fato, houve pessoas que teriam cometido suicídio se soubessem que algo de mal acontecera a seus entes queridos, porém foram poupadas por achar que se tratava de notícia falsa. Para essas pessoas foi tão proveitoso ser enganadas quanto foi prejudicial para outras conhecerem a verdade.

Não se trata, portanto, de sabermos com que intenção de atender ao interesse ou ser nocivo – dizendo uma falsidade para não enganar ou uma verdade para enganar; queremos saber, deixando de lado o que seria conveniente ou inconveniente aos interlocutores, quem estava mentindo, no que diz respeito à verdade ou à falsidade: se ambos ou nenhum. Pois se a mentira é um enunciado dito com vontade de expressar algo falso, mentiu mais o que desejou dizer algo falso, e disse o que desejou, embora para não enganar. Se, no entanto, a mentira é qualquer enunciado dito com o desejo de enganar, não foi este último, mas aquele outro que mentiu, pois, de fato, quis enganar dizendo a verdade. Porque, se a mentira é um enunciado dito com a vontade de transmitir alguma falsidade, ambos mentiram: o primeiro ao desejar que seu enunciado fosse falso, o segundo por querer que sua verdade fosse crida como falsa. Ademais, se a mentira é um enunciado falso que se enuncia querendo enganar, nenhum dos dois mentiu; porque um teve vontade de dizer algo falso para persuadir da verdade, e o outro, para convencer de algo falso, disse a verdade.

Em suma, toda temeridade e mentira se afastam quando cremos que é verdadeiro o que sabemos e que é necessário que isso seja enunciado, e quando queremos convencer daquilo que enunciamos. Se, entretanto, pensamos ser verdade o que é falso, ou tomamos por conhecido o desconhecido, ou acreditamos no que não deve ser crido, ou enunciamos o que não deve ser enunciado, não tentando persuadir de outra coisa que daquilo que enunciamos, o erro da temeridade está presente, mas não a mentira. Portanto, não há o que temer quanto a essas definições, quando se tem uma boa consciência: enunciando-se o que se entende, pensa ou crê ser verdade, e quando não há desejo de persuadir de outra coisa a não ser daquilo que, de fato, se enuncia.

SE UMA MENTIRA PODERIA SER ÚTIL OCASIONALMENTE É UMA QUESTÃO MUITO MAIOR E NECESSÁRIA

4. 5. Uma pergunta maior e mais necessária é se, porventura, uma mentira seria útil. Porque alguém pode mentir sem intenção de enganar, ou fazer isso para não enganar seu interlocutor, embora o próprio enunciado seja falso, já que, desse modo, deseja persuadir da verdade. E podemos duvidar de que alguém mente quando diz a verdade para enganar. No entanto, ninguém duvida do que esteja na mente daquele que deseja enunciar algo falso para enganar. Por isso, um enunciado falso proferido com a vontade de enganar é uma mentira manifesta. Mas é outra questão se apenas isso é mentira.

A OPINIÃO SEGUNDO A QUAL ÀS VEZES SE DEVE MENTIR

5. 5. Por agora, inquiramos sobre esse tipo de mentira, a respeito de que todos estão de acordo: se é útil às vezes enunciar algo falso com a intenção de enganar. Pois, os que são desse pensamento, demonstram suas opiniões com testemunhos bíblicos, lembrando o episódio em que Sara, apesar de ter rido, negou aos anjos que tivesse rido (Gn 18,15). Jacó, interrogado por seu pai, respondeu que era Esaú, seu filho mais velho (Gn 27,19). As parteiras egípcias, que mentiram para que os recém-nascidos hebreus não fossem mortos, também foram aprovadas e recompensadas por Deus (Ex 1,19-20). E, desse modo, coligindo muitos exemplos, relembram as mentiras desses homens, que não ousaríamos culpar, e, assim, pensaríamos que, às vezes, é possível que haja uma mentira que não seja apenas livre de repreensões, mas digna também de louvores.

Para pressionar não apenas aqueles que se dedicam a coisas divinas, mas também todos que têm bom-senso, acrescentam, dizendo: se alguém se refugia junto a ti, alguém que, com uma mentira tua pode ser libertado da morte, não mentirias? Se uma pessoa doente perguntasse algo que não seria útil a ela saber, e que poderia ser afligida por algo ainda pior caso não respondesses nada, ousarias dizer a verdade, para prejuízo da pessoa, ou te manterias calado ao invés de, com uma mentira honesta e misericordiosa, vires em socorro da saúde dessa pessoa? Com esses e muitos outros argumentos, julgam poder nos convencer de que é possível às vezes mentir se uma causa ponderada o exige.

A OPINIÃO SEGUNDO A QUAL NUNCA SE DEVE MENTIR

5. 6. Contra esses argumentos, aqueles que nunca aprovam que se deva mentir, avançam argumentos muito mais fortes, fazendo uso primeiramente da autoridade divina, já que no próprio decálogo está escrito: *Não dês falso testemunho* (Ex 20,16), em que se classificam todos os tipos de mentira, pois quem enuncia algo dá testemunho do que está em sua alma. Mas, para que alguém não conteste que nem toda mentira deve ser chamada de falso testemunho, o que se dirá do que está assim escrito: *A boca que mente mata a alma?* (Sb 1,11). Para que alguém não julgue que se pode mentir excepcionalmente, diz em outro lugar: *Destróis todos que falam a mentira* (Sl 5,7). Daí que, de sua própria boca, o Senhor disse: *Seja em tua boca: sim, sim e não, não; o que for além provém do maligno* (Mt 5,37). E também o Apóstolo, quando recomendou despir-se do velho homem, com que se devem entender todos os pecados, com razão diz, colocando em primeiro plano: *Por isso, pondo de lado a mentira, dizei a verdade* (Ez 16,52).

OS EXEMPLOS A FAVOR DA MENTIRA RETIRADOS DO ANTIGO TESTAMENTO SÃO POSTOS POR TERRA

5. 7. E os mesmos não se dizem atemorizados pelos exemplos retirados dos livros antigos, pois quando alguma coisa é dita ou feita, pode ser entendida de maneira figurada, ainda que aconteça realmente. Ora, o que é dito ou feito de maneira figurada não é mentira, já que todo enunciado deve fazer referência àquilo que enuncia. Assim, tudo o que é feito ou dito figurativamente enuncia aquilo que significa para aqueles a quem é declarado de modo que o entendam. Daí que devemos crer naqueles homens dos tempos proféticos, os quais são lembrados como dignos de autoridade, e também devemos acreditar em todas as coisas que foram escritas sobre eles, tanto as que fizeram quanto as que disseram profeticamente. E não menos proféticas foram as coisas que sucederam a eles, quaisquer que tenham sido, porque, pelo mesmo Espírito profético, foi ordenado que fossem escritas e lembradas.

Sobre as parteiras, entretanto, não se pode afirmar que revelaram, por meio do Espírito profético, uma verdade futura quando disseram uma coisa no lugar de outra para o faraó. De qualquer forma, revelaram alguma coisa, mesmo que, para elas, fosse desconhecido aquilo que sua ação revelou. A seu modo, foram aprovadas e recompensadas por Deus. Quem estava acostumado a mentir para causar dano, se agora mente para fazer o bem, já avançou muito.

Porém, uma coisa é aquilo que é louvável em si mesmo, outra aquilo que se prefere em comparação com algo pior. Quando uma pessoa está saudável, nós a felicitamos de um modo diferente daquele que fazemos quando ela está doente e melhorou um pouco. As próprias Escrituras dizem que até mesmo Sodoma foi justificada em comparação com os crimes do povo de Israel (Ef 4,25). Por essa regra, alinham todas as mentiras que são proferidas nos livros antigos, e não as entendem como repreensíveis: não podem ser censuradas ou porque houve aumento e esperança de progresso ou porque revelaram alguma coisa, não sendo mentiras completamente.

— NÃO HÁ EXEMPLO DE MENTIRA À DISPOSIÇÃO —
NO NOVO TESTAMENTO. A CIRCUNCISÃO DE
TIMÓTEO NÃO FOI SIMULADA. PEDRO FOI
CORRIGIDO DE BOM GRADO POR PAULO

5. 8. Nos livros do Novo Testamento, com exceção das expressões em sentido figurado do Senhor, se consideramos a vida e os costumes dos santos, seus ditos e suas ações, não se pode indicar nada que induza à imitação da mentira. A simulação de Pedro e Barnabé não só não foi citada, mas também foi repreendida e corrigida (Gl 2,12-13). Nem, como pensam alguns, Paulo usou desse tipo de simulação na circuncisão de Timóteo ou em algum rito judaico que celebrou. Mas o fez pela sua liberdade de opinião, segundo a qual pregava que a circuncisão não é proveitosa aos gentios nem é prejudicial aos judeus. Por isso, não julgou que os gentios devessem ser obrigados ao costume dos judeus, nem que estes fossem afastados de suas tradições paternas. Daí aquelas palavras dele: *Um incircunciso foi chamado? Não se circuncide. Não chame em juízo o prepúcio. Alguém foi chamado com prepúcio? A circuncisão não é nada, e o prepúcio não é nada; mas sim a observação dos mandamentos de Deus. Cada um permaneça na vocação em que foi chamado* (1Cor 7,18-20).

Como alguém pode apresentar um prepúcio que foi cortado? Porém, não é dito que "não apresente", mas que não viva como se tivesse prepúcio. Ou seja, seria como se ele cobrisse novamente com pele aquela parte que foi descartada e deixasse de ser judeu; como Paulo diz em outra passagem: *Tua circuncisão se fez prepúcio* (Rm 2,25). E o Apóstolo disse isso, não para compelir os pagãos a permanecer incircuncisos, ou os judeus a manter o costume de seus antepassados, mas para que nenhum dos dois povos obrigasse o outro a adotar costumes alheios. Para que cada um tivesse condições e não necessidade de preservar suas tradições.

Caso o judeu deseje, naquilo que não perturbe ninguém, afastar-se das observâncias judaicas, não lhe é proibido pelo Apóstolo.

Porque, se Paulo aconselhou os judeus que seguissem suas observâncias foi para que, imperturbados por coisas supérfluas, não deixassem de se aproximar daquelas que são necessárias para sua salvação. Paulo também não proibia que um gentio se circuncidasse, caso o desejasse, e assim demonstrava que não considerava essa prática nociva, mas indiferente: como um selo cuja validade havia se perdido com o tempo. Se já nenhuma salvação era produzida por essa prática, tampouco se deveria temer que ela resultasse em perdição. Por isso também Timóteo, que era incircunciso quando se converteu, por ser de mãe judia, foi circuncidado por Paulo para demonstrar a seus compatriotas, os quais queria converter, que não se ensinava na doutrina cristã que os antigos sacramentos da Lei fossem abomináveis (At 16,1.3). Com isso, demonstravam aos judeus que o motivo pelo qual os gentios não precisam receber esses sacramentos não é porque fossem maus ou tivessem sido perniciosamente observados pelos patriarcas, mas porque já não eram necessários à salvação depois do advento de tão sublime sacramento, o qual, por tanto tempo, havia sido concebido por meio de prefigurações proféticas nas Antigas Escrituras.

Paulo teria circuncidado também a Tito, como o exigiam os judeus, não fossem os falsos irmãos infiltrados, que desejavam isso para ter algo para disseminar, a respeito dele, que provasse que ele lhes havia dado razão, e pregava que a esperança da salvação evangélica estava na circuncisão da carne e em outras observâncias semelhantes a essa, pois defendiam que, sem elas, Cristo de nada valia (Gl 2,3-4). No entanto, Paulo pregava o contrário: Cristo não é de nenhum proveito para aqueles que se circuncidam pensando haver nisso salvação; por isso declarou: *Eis que eu, Paulo, vos digo: se vos circuncidardes, Cristo não vos será de proveito algum* (Gl 5,2). Era com essa liberdade que Paulo observava as tradições de seus antepassados, tendo cuidado de ensinar que não se deveria pensar que, sem essas observâncias, a salvação cristã não fosse válida. Pedro, entretanto, em sua simulação, compelia os gentios a adotar práticas judaicas, como se a salvação estivesse no judaísmo, como mostram as palavras de Paulo, que disse: *Como obrigas os gentios a se judaizarem?* (Gl 2,14).

Os gentios não se sentiriam obrigados se não vissem que Pedro observava essas tradições, de modo que parecesse que, sem elas, a salvação não fosse possível. Portanto, a simulação de Pedro não pode ser comparada à liberdade de Paulo. E devemos, assim, amar mais a Pedro, o qual de bom grado foi corrigido, e não nos aproveitar da autoridade de Paulo para dar suporte à mentira. Porque Paulo chamou a atenção de Pedro para o reto caminho, em presença de todos, para que os gentios não fossem obrigados a praticar o judaísmo. O próprio Paulo deu testemunho de sua pregação: quando foi considerado inimigo das tradições paternas, embora não desejasse impô-las aos gentios, não teve desdém por essas tradições, mas celebrou-as de acordo com os costumes dos seus antepassados. Dessa forma, demonstrou-lhes claramente que, depois da vinda de Cristo, essas práticas permanecem, não sendo nem perniciosas para os judeus, nem necessárias para os gentios, nem salvadoras para ninguém.

A MENTIRA NÃO É AUTORIZADA, SEJA PELA VIDA COMUM, SEJA PELOS EXEMPLOS DAS ESCRITURAS

5. 9. A autorização para mentir não pode ser aduzida do Antigo Testamento, seja porque não é mentira o que se deve entender que é dito ou feito alegoricamente, seja porque não se propõe que os bons imitem os maus quando estes começam a melhorar e são elogiados, em comparação com seu estado anterior, que era pior. Essa autorização também não pode ser derivada dos livros do Novo Testamento, porque devemos imitar a correção mais do que a simulação, e as lágrimas mais do que a negação de Pedro.

— A MENTIRA É UMA INIQUIDADE QUE LEVA A — ALMA À MORTE E NÃO DEVE SER ADMITIDA NEM MESMO EM PROL DA SALVAÇÃO TEMPORAL DE ALGUÉM

6. 9. Com os exemplos supracitados, alguns afirmam com muita confiança que não se deve dar crédito a exemplos aduzidos da vida comum. Em primeiro lugar, porque ensinam que a mentira é uma iniquidade, com base em muitos documentos das Sagradas Letras, principalmente nesta citação: *Odiaste, Senhor, todos os que operam a iniquidade; destróis todos os que falam a mentira* (Sl 5,6-7). As Escrituras costumam esclarecer um trecho anterior com outro posterior. Se, por um lado, *iniquidade* é um termo de significado mais genérico, entendemos que *mentira* significa somente uma espécie de iniquidade; por outro lado, considerando-se a diferença de significado entre os verbos, a mentira se coloca como algo ainda pior, porque *destróis* é mais grave que *odeias*. Porque talvez Deus odeie alguém em grau menor, a ponto de não o destruir. Mas a quem Ele destrói, tanto puniu mais severamente quanto odiou com mais veemência. De fato, Ele odeia todos os que praticam a iniquidade, mas destrói os que mentem. Tendo isso posto, como alguém pode afirmar essas coisas e se sentir comovido com situações como esta: e se um homem pede socorro a ti e tua mentira poderia salvá-lo da morte? Essa morte que os ignorantes temem, sem temer o pecado, não mata a alma, mas o corpo: como ensina o Senhor no Evangelho, em que nos instrui que a morte não deve ser temida (Mt 10,28). Porque a boca que mente mata a alma, não o corpo. As Escrituras são muito claras: *A boca que mente mata a alma* (Sb 1,11). Não se considera de extrema perversidade que alguém precise morrer espiritualmente para viver corporalmente? O amor ao próximo tem seu limite no amor a si mesmo, como foi dito: *Ama o próximo como a ti mesmo* (Lv 19,18; Mt 22,39; Mt 19,19). Como, pois, alguém ama o próximo como a si mesmo se ao proteger a vida temporal do outro faz com que ele perca a eterna? Visto que, se alguém perde a própria vida temporal em prol da vida temporal do outro, já não o ama como a si mesmo, mas ama-o mais do que a si mesmo, uma vez que foi além da lei da sã doutrina. Portanto, com muito menos razão, alguém seria capaz de, mentindo, perder a vida eterna em benefício da vida temporal do outro. Obviamente, o cristão não deve hesitar em dar sua vida em prol da vida eterna do próximo: nisso o Senhor nos precedeu com seu exemplo, quando por nós morreu. Sobre isso, Ele disse: *Este é o meu mandamento, que vos ameis uns aos outros como eu vos amei. Ninguém tem maior amor do que aquele que dá sua vida por seus amigos* (Jo 15,12-13).

Ninguém é tão insensato a ponto de declarar que o Senhor, quando fez o que ensinou e ensinou o que fez, estivesse preocupado com outra coisa que a vida eterna dos homens. Portanto, se mentindo se perde a vida eterna, nunca devemos mentir em benefício da vida temporal de quem quer que seja. Com efeito, estes que ficam de mau humor e indignados quando alguém não deseja perder sua alma para que outro envelheça na carne, o que eles diriam se, com nosso roubo ou adultério, pudéssemos salvar alguém da morte? Deve-se, então, roubar ou fornicar? Não estão cientes que se obrigam ao seguinte: se uma pessoa trouxer consigo uma corda e pedir para cometer um crime, afirmando que se enforcará caso não lhe seja concedido, de acordo com o que eles dizem, o crime será consentido para que a vida da pessoa seja salva. Se isso é absurdo e abominável, porque uma pessoa corromperia sua alma com a mentira para salvar a vida de outra? Se a primeira se corrompesse do mesmo modo que a segunda, todos não a condenariam pela torpeza abominável? Portanto, o único ponto ao qual é preciso nos ater nessa questão é se a mentira é uma iniquidade.

Com base nos documentos que foram mencionados acima, devemos nos perguntar se alguém deve mentir em benefício de outro, e também nos perguntaríamos se, pela salvaguarda de outra pessoa, alguém devesse se tornar iníquo. Se a salvação da alma, que só a justiça pode garantir, rejeita isso, e ordena que não coloquemos a salvação acima nem da nossa salvaguarda nem da dos outros, o que nos resta a não ser não duvidar que nunca, seja qual for o motivo, devemos mentir? Não existe nada mais importante e estimado entre os interesses temporais do que a salvaguarda da vida corporal. Por conseguinte, se nem esta deve ser colocada acima da verdade e, desse modo, servir de objeção em defesa da obrigação de mentir, quem enfim pensa que seja bom mentir?

— NÃO SE DEVE MENTIR PARA DEFENDER A — CASTIDADE LEVANDO-SE EM CONTA A LUXÚRIA

7. 10. Com relação à castidade, se uma pessoa muito honrada apresenta-se a ti e pede que mintas, para com essa mentira livrar--se de um violador, sem dúvida deverias mentir? É fácil responder a essa pergunta: a pureza do corpo depende da integridade da alma e esta, quando rompida, necessariamente decai, embora a primeira possa parecer íntegra. De fato, a castidade não pode ser considerada do mesmo modo que as coisas temporais – como se pudesse ser tirada de nós contra a nossa vontade. Logo, a alma de forma nenhuma deve se corromper pela mentira para beneficiar o corpo, pois a alma sabe que o corpo permanecerá incorrupto se não for corrompido por ela.

Uma violência indesejada, sofrida pelo corpo, deve ser chamada de vexame, mas não de corrupção. Ou, do contrário, se todo vexame é corrupção, nem toda corrupção é torpe, a não ser aquela que é procurada ou consentida com desejo. Porém, a alma é tanto superior ao corpo quanto é capaz de se corromper por más ações. Portanto, em uma situação em que apenas a corrupção voluntária é possível, a castidade pode ser preservada. Por conseguinte, se um violador invadisse um corpo, e isso não pudesse ser evitado, seja por força contrária, seja por deliberação ou mentira, certamente é necessário que digamos que a castidade não pôde ser violada pela luxúria alheia.

Ninguém duvida de que a alma seja melhor que o corpo, e que sua integridade deve ser preferida à do corpo, já que pode ser preservada para sempre. Entretanto, quem poderia declarar que a alma do mentiroso é íntegra? Com efeito, a luxúria se define claramente como um apetite da alma que antepõe coisas temporais a bens eternos. Assim, ninguém poderia nos convencer de que ocasionalmente devêssemos mentir, a não ser que pudesse mostrar que a mentira nos obteria algum bem eterno. Todavia, como

30

alguém se distancia da eternidade na mesma proporção em que se afasta da verdade, é absurdo declarar que algum bem eterno poderia advir desse afastamento. Ou, do contrário, se existe algum bem eterno que a verdade não contém, não é realmente verdadeiro, e nem mesmo é um bem, porque é falso. E assim como a alma se antepõe ao corpo, também a verdade deve ser colocada acima da alma. Pois a alma não só ama a verdade mais do que o corpo, mas mais ainda que a si mesma. Isso porque a alma será tanto mais íntegra e casta quanto mais desfrute da imutabilidade da verdade e menos da própria mutabilidade. Ló, que foi tão justo a ponto de merecer hospedar os anjos, ofereceu suas filhas aos sodomitas para que fossem violadas, para que assim eles se corrompessem com os corpos de mulheres de preferência aos de homens (Gn 19,8). Com maior diligência e constância não deveríamos conservar a castidade da alma na verdade? Porque a alma é mais verdadeiramente preferível ao corpo que o corpo viril ao feminino.

— NÃO SE DEVE MENTIR COM A INTENÇÃO DE —
AJUDAR OUTRAS PESSOAS A SE SALVAR

8. 11. Talvez alguém pense que se deve mentir a uma pessoa, para que sua vida seja conservada momentaneamente, ou para que não seja contrariada nas coisas que muito estima, e, assim, possa chegar à verdade eterna. Quem pensa dessa maneira não entende que, em primeiro lugar, não houve desonra que não tivesse que ser aceita da mesma forma, como foi demonstrado acima. Além disso, interferimos na autoridade da própria doutrina, prejudicando-a profundamente, se convencemos aqueles a quem tentamos levar a verdade que, ocasionalmente, seja necessário mentir.

Se a doutrina da salvação consta de ensinamentos que em parte devem ser cridos, em parte entendidos – sendo que estes últimos não podem ser alcançados sem antes serem cridos –, como se poderá crer em alguém que pensa que às vezes seja necessário mentir, já que talvez esteja mentindo no momento em que nos ensina em que devemos crer? Como se poderia saber se no momento em que nos fala não teria alguma razão para fazer uso de uma mentira necessária? Quiçá com uma história falsa, não achasse que pudesse nos amedrontar e afastar da luxúria, e pensasse que, mentindo, cuidasse dos nossos interesses e nos aproximasse dos bens espirituais? Se esse tipo de mentira for admitido e aprovado arruína-se completamente a doutrina da fé, a qual, arruinada, não chega nem mesmo ao entendimento que, adquirido, serve para nutrir as crianças. Assim, se cedemos permissivamente à falsidade, mesmo que abramos apenas uma pequena brecha em qualquer parte da doutrina com uma mentira "necessária", anulamos totalmente o ensinamento da verdade.

O que seria então mais perverso do que colocar vantagens pessoais ou alheias acima da verdade? De fato, quando desejamos que alguém se torne capaz de alcançar a verdade, com uma mentira auxiliadora, fechamos o acesso à verdade. Ou seja, querendo ser convenientes ao mentir, tornamos incerta a verdade que dizemos. Por isso é que, ou não devemos crer nos bons, ou precisamos acreditar em quem mente de vez em quando, ou não devemos crer que os bons às vezes mintam. Dessas três opções, a primeira é perniciosa, a segunda é tola, resta-nos, portanto, a terceira: os bons nunca mentem.

— ALGUNS OPINAM QUE A MENTIRA DEVE SER — PERMITIDA QUANDO AFASTA UM HOMEM DA POSSIBILIDADE DE SER VIOLENTADO SEXUALMENTE POR OUTRO

9. 12. Embora essa questão tenha sido examinada e tratada sob dois pontos de vista, não é fácil chegar a uma conclusão: ainda precisamos ouvir com atenção os que afirmam que não existe ação tão má que não deva ser feita para evitar outra pior. Na verdade, os atos humanos não se limitam apenas ao que as pessoas fazem, mas também ao que consentem que lhes seja feito. Devido a isso, pergunta-se se um cristão deve optar por queimar incenso aos ídolos para evitar uma violência sexual da parte de um perseguidor que o ameaça, caso ele opte por não queimar o incenso. Aos que perguntam, parece correto questionar por que motivo alguém não mentiria para evitar tamanha infâmia; porque essa anuência, em que um homem prefere sofrer violência sexual a oferecer incenso aos ídolos, dizem que não é um sofrimento involuntário, mas um fato consentido. Será que esse homem não deveria optar tranquilamente pela mentira, que afastaria seu corpo de uma desonra tão medonha?

ESSE ARGUMENTO E EXEMPLO SÃO REFUTADOS

9. 13. Na argumentação apresentada acima, as questões que merecem ser perseguidas são estas: se o consentimento deve ser entendido como ação; se devemos declarar como consentimento aquilo que não tem aprovação; se aprovação é dizer: "melhor sofrer isso do que fazer aquilo"; se foi melhor para aquele homem oferecer incenso que sofrer agressão sexual, e se, em tais condições, não seria melhor mentir do que oferecer incenso. Ora, se o consentimento for entendido como ação, aqueles que preferiram ser mortos a dar falso testemunho são homicidas, e seu homicídio é de tipo mais grave, porque foi cometido contra si. Desse modo, porque não dizer que estes se mataram, uma vez que escolheram ser mortos a coagidos? Ou então, se se considera mais grave matar outra pessoa do que a si mesmo, o que dizer se ao mártir se propusesse esta condição, se não quiser dar falso testemunho de Cristo e sacrificar aos demônios, que ante seus olhos, não qualquer pessoa, mas seu pai fosse morto, rogando ao filho que não permitisse que isso fosse feito em razão de sua perseverança. Porventura não é claramente manifesto que o filho permanece o mais fiel possível em sua resolução, e que ele não será um parricida, mas que os únicos homicidas serão aqueles que matarem seu pai? Portanto, quando escolhe que seu pai, um sacrílego cuja alma se perderia, seja antes morto por outros a violar sua fé com um falso testemunho, o filho não é partícipe de tamanho crime. Essa decisão não faz dele partícipe de tamanha infâmia se ele mesmo não desejou fazer mal nenhum, porque, seja o que for que os outros façam a partir de sua decisão, não é ele próprio que o faz. Pois, o que dizem esses perseguidores se não: Faz a maldade para que não a façamos? Se fora verdade que ao fazermos o mal eles não o fariam, nem sequer assim deveríamos dar-lhes nossa aprovação. Mas como costumam fazer essas coisas, embora não o declarem, por que motivo eles seriam infames e perversos juntamente conosco e não por conta própria? De fato, não se deve dizer que haja consentimento, porque não aprovamos o que fazem, e optamos sempre pelo bem e com todas as forças proibimos que pratiquem o mal. Não só não cometemos o mal com eles, mas também os condenamos com toda execração possível.

— OS PECADOS DOS OUTROS NÃO DEVEM SER —
IMPUTADOS ÀQUELE QUE PODE IMPEDI-LOS COM
UM PECADO MAIS LEVE. NÃO É CÚMPLICE DOS
PECADORES AQUELE QUE NÃO DESEJA PECAR
PARA COIBI-LOS. CADA UM DEVE ANTES EVITAR
SEUS PRÓPRIOS PECADOS MAIS LEVES DO QUE OS
MAIS PESADOS DOS OUTROS

9. 14. Alguém perguntaria: Como ele não é cúmplice de um pecado quando outras pessoas não pecariam se ele tivesse pecado? Se pensarmos desse modo, arrombamos a porta com os arrombadores, porque não a arrombariam se não a tivéssemos trancado. E matamos com os ladrões, porque, se soubéssemos que matariam, nós os teríamos matado por prevenção e, por conseguinte, não matariam outras pessoas. Ou então, se alguém nos confessa que cometerá um parricídio, se não pudermos convencê-lo ou coibi-lo de outro modo, cometemos parricídio juntamente com o parricida, caso não o matemos antes que mate seu pai. Em todas essas situações, pode-se dizer precisamente a mesma coisa: fomos cúmplices porque as outras pessoas não pecariam se nós tivéssemos pecado. Não desejo cometer nenhuma das duas maldades, mas só tenho em meu poder que uma delas não seja cometida. Todavia, não devo impedir com minha má ação a outra maldade alheia que não pude fazer desaparecer com meu conselho. Pois não aprova o pecador aquele que não peca em benefício de outro. As duas maldades não são agradáveis àquele que não admitiria nenhuma delas; porque, naquilo que a ele se refere e está ao seu alcance, não as realiza; mas quanto àquilo que diz respeito a outra pessoa, ele o condena apenas com a vontade. Por isso, aos que propusessem aquela condição "Se não oferecerdes incenso, sofrereis esta violação", se ele respondesse: "Eu não escolho nenhuma das duas coisas, detesto ambas, não vos dou nenhum consentimento", com palavras como essas, que certamente são verdadeiras, não lhes dá

nenhum consentimento, não lhes concede nenhuma aprovação. Seja qual for o castigo que lhe inflijam, fica ele com o recibo da injúria, eles com o delito. Portanto, alguém perguntaria: Ele deve antes sofrer uma violação sexual a oferecer incenso? Se a pergunta é sobre aquilo que se deveria fazer, respondo que não se deveria fazer nenhuma das duas coisas. Porque, se eu dissesse que se deveria fazer uma delas, aprovaria uma e condenaria ambas. Entretanto, se alguém perguntasse qual das duas coisas deve-se evitar preferivelmente, já que não se pode evitar as duas, responderei que é melhor que se evite seu próprio pecado ao de outra pessoa e que, além disso, é preferível que se evite um pecado leve próprio a um pecado alheio grave.

Salvo pesquisa mais detalhada, concordemos provisoriamente que uma violência sexual é crime mais grave que oferecer incenso; porém, enquanto oferecer incenso é ação própria, a violência sexual é alheia, mesmo que tenha sido admitida por quem a sofre. O pecado é de quem o pratica. Pois, embora o homicídio seja mais grave que o furto, pior é furtar que sofrer homicídio. Desse modo, se fosse proposto a alguém que praticasse um furto ou então, se não quisesse fazê-lo, que fosse morto, como não poderia evitar as duas coisas, devendo evitar, de preferência, seu próprio pecado ao alheio, nem por isso o pecado alheio se tornaria seu, seja porque foi cometido contra ele seja porque poderia evitá-lo com um pecado próprio.

— ACASO NÃO SE DEVE MENTIR PARA EVITAR — A IMPUREZA DO CORPO?

9. 15. O nó dessa questão se reduz a que se pergunte se existe algum pecado de outra pessoa, embora tenha sido cometido contra ti, que possa ser imputado a ti caso pudesses evitá-lo com um pecado leve da tua parte e se porventura a impureza do corpo não seria uma exceção.

Ninguém declara que alguém se torna impuro por ser assassinado, encarcerado, acorrentado, açoitado e afligido com torturas e tormentos, por ter seus bens confiscados e ser colocado em um estado de prejuízo gravíssimo – a ponto de chegar à miséria extrema – ou por ser espoliado de honras e receber afrontas e injúrias. Qualquer desses sofrimentos, sofridos injustamente, ninguém é tão demente a ponto de dizer que alguém se tornaria impuro por causa deles.

Mas e se alguém é coberto de excrementos, derramam ou introduzem sujeira em sua boca, ou o fazem de prostituta; isso tudo horrorizaria a sensibilidade de quase todos, e o chamariam de imundo ou desonrado. Portanto, deve-se concluir que ninguém deve pecar para evitar quaisquer pecados alheios – salvo os que fazem imundo aquele em quem se cometem, seja em benefício de si mesmo seja para favorecer outros –, mas antes deve submeter-se e sofrer com coragem. E, se não se deve evitar os pecados alheios com nenhum pecado próprio, isso inclui a mentira. Todavia, devemos evitar os pecados que se cometem contra o ser humano e o fazem imundo, evitando-os até mesmo com outros "pecados", que, nesse caso, não devem ser chamados de pecados, porque são feitos precisamente para que evitemos a impureza. De fato, qualquer coisa que se faça, que seria reprovável a não ser que fosse feita, não é pecado. Daí se conclui que também não deve ser chamado de impureza aquilo que não temos capacidade de evitar. Na verdade, existe, portanto, nesse caso, um modo de agir retamente, que é sofrer pacientemente o que quer que não possa ser evitado.

Ninguém que age retamente pode se tornar imundo por contato corporal. Perante Deus, é impuro todo aquele que é injusto. Portanto, puro é todo aquele que é justo. Mesmo que não o seja da perspectiva humana, é, todavia, perante Deus, que julga sem erro. Por conseguinte, não se torna impuro por contágio, nem mesmo quando sofre essas coisas tendo a possibilidade de evitá-las, mas pelo pecado que não quis evitar quando pôde. Qualquer coisa que se faça para evitar coisas impuras não é pecado; por isso, qualquer um que mentiu para evitá-las, não peca.

AS MENTIRAS QUE PREJUDICAM OUTRAS PESSOAS NÃO DEVEM SER ADMITIDAS PARA EVITAR A IMPUREZA DO CORPO

9. 16. Porventura não existem mentiras que podem constituir exceções, e que seja preferível sofrer aquela impureza que cometer essas mentiras? Se assim é, nem tudo que se faz para evitar aquelas impurezas deixa de ser pecado, pois há mentiras mais graves de admitir do que sofrer aquelas impurezas. Se alguém fosse procurado para cometer um estupro e pudesse se furtar disso com uma mentira, quem ousaria dizer que não devesse mentir nesse caso? Porém, e se com essa mentira pudesse se evadir manchando falsamente a reputação de outra pessoa com a impureza que exigiam que ele cometesse? Seria como se, dando o nome de um homem puro e alheio a coisas vergonhosas, dissesse a quem lhe exige isto: Vai até aquele homem e ele te arranjará alguém que possa ser usado por ti com maior prazer. Desse modo consegue afastar-se de quem fazia a exigência. Não sei se a reputação de uma pessoa deve ser violada para que o corpo de outra pessoa não seja violado pela luxúria alheia. E jamais se deve mentir uma mentira que fira outra pessoa, ainda que esta pessoa seja ferida de modo mais leve que se não tivesses mentido. Porque, sem consentimento, nem mesmo o pão de alguém mais saudável deve ser retirado para alimentar outro mais doente; um inocente, contra sua vontade, não deve ser ferido com varas para que outro inocente não seja morto.

É óbvio que essas coisas podem ser feitas se as pessoas quiserem, já que não se ofendem quando as desejam.

10. 16. Pode ser manchada a reputação de alguém que deseja ser conhecido por um falso crime de estupro para afastar o estupro do corpo de outra pessoa? Essa é uma grande questão. E não sei se é fácil determinar que seja mais justo deixar ser manchada a reputação daquele que assim o consente, com um falso crime de estupro, ou com o próprio estupro do corpo contra a vontade.

41

— A MENTIRA NUNCA É PERMITIDA NO QUE DIZ — RESPEITO À DOUTRINA RELIGIOSA

10. 17. No entanto, e se é proposto àquele que deveria queimar incenso aos ídolos ou ser tratado como uma prostituta, que ele, caso queira evitar tudo isso, viole o nome de Cristo com uma mentira? Seria um louco se o fizesse. Digo mais, seria insano se, para evitar a luxúria alheia, não fosse feito contra ele aquilo que, com nenhuma lascívia de sua parte, suportasse para não falsificar o Evangelho de Cristo com louvores vãos; porque, do contrário, ele evitaria mais a corrupção do outro em seu corpo do que a corrupção da doutrina da santificação das almas e dos corpos. Eis porque todas as mentiras devem ser completamente removidas da doutrina religiosa e daquilo que é enunciado a respeito dela quando é ensinada ou aprendida. Na verdade, não se pense que seja possível encontrar qualquer causa por que se deva mentir nesses assuntos. Pois não se deve mentir sobre a doutrina nem mesmo para facilitar sua adesão por alguém. Se a autoridade da verdade for rompida ou mesmo levemente rebaixada, todas as outras coisas permanecerão duvidosas. Essas coisas, a não ser que sejam cridas como verdadeiras, não podem ser mantidas como certas.

Ocultar, por um tempo, o que parece dever ser ocultado é lícito tanto ao que expõe ou disputa e prega sobre as coisas eternas, quanto ao que discute ou anuncia as coisas temporais, para a edificação das coisas relacionadas à santidade e à devoção. Entretanto, nunca é lícito mentir, nem é lícito, por conseguinte, ocultar alguma coisa mentindo.

11. 18. Tendo esse princípio (que nunca se deve mentir) firmemente estabelecido, é possível pesquisar os outros tipos de mentira com mais segurança. Segue-se desse princípio que devemos remover toda a mentira que cause dano injustamente a alguém. Porque ninguém deve receber uma injúria, por mais leve, para que seja evitada uma injúria mais grave dirigida a outra pessoa.

Também não devem ser admitidas mentiras que, embora não prejudiquem ninguém, prejudicam àqueles que mentem sem motivo. De fato, estes últimos é que são os mentirosos propriamente ditos. Há diferença entre o mentiroso e o mendaz. Porque existe aquele que mente até sem querer, mas o mendaz ama mentir: regozija-se interiormente mentindo. Junto a estes devemos classificar também aqueles que desejam agradar com mentiras para não magoar ou afrontar: agem assim para ser agradáveis em seus discursos; já tratamos anteriormente dessa classe de mentiras. Estes últimos diferem da classe dos mendazes, aos quais é prazeroso mentir porque se alegram na própria mentira. Pois é prazeroso para eles parecer bem com um discurso agradável, embora preferissem agradar com enunciados verdadeiros. Quando não encontram facilmente palavras verdadeiras que agradem seus ouvintes, optam por mentir a se calar. Todavia, é difícil que estes últimos sempre mantenham um discurso totalmente falso, mas normalmente misturam coisas falsas a verdadeiras quando a atração de suas palavras lhes abandona. Essas duas classes de mentirosos não prejudicam em nada os que creem neles, porque não os induzem a nenhum erro a respeito da doutrina da religião e da verdade, nem em qualquer coisa de proveito ou serventia. É suficiente para quem crê, que julgue possível que aconteça aquilo que lhe é dito, e que tenha fé na pessoa que lhe diz isso, a qual não deve ter motivos para temer que esteja mentindo. Em que eu seria prejudicado se acreditasse que o pai ou o avô de alguém foi um bom homem ou não? Se ele guerreou com os persas quando, na verdade, nunca saiu de Roma? Entretanto, esses dois tipos de mentirosos prejudicam muito a si mesmos: os primeiros por abandonarem a verdade porque a mentira lhes dá prazer, os segundos por preferirem agradar a dizer a verdade.

— MENTIRAS QUE NÃO PREJUDICAM NINGUÉM E — PODEM SER ÚTEIS QUANDO ACEITAS

12. 19. Tendo condenado sem nenhuma hesitação os tipos de mentira tratados acima, vejamos agora um tipo de mentira que, de certo modo, eleva-nos gradualmente a coisas melhores. Esse tipo de mentira é atribuído pelas pessoas comuns à gente boa e benévola, quando aquele que mente não prejudica, mas, de fato, é útil a alguém. Toda a discussão sobre esse tipo de mentira concentra-se em determinar se aquele que assim atenta contra a verdade, para ser útil a outra pessoa, não prejudica a si mesmo. A consequência desse modo de pensar é que tudo que não prejudica ninguém e, por meio da mentira, traz benefício para si deve ser permitido. Entretanto, essas coisas estão interconectadas e se concedemos nelas, necessariamente trarão consigo outras que criam muita confusão.

Por exemplo, qual o prejuízo de subtrair uma medida de trigo de um homem que tivesse uma quantia enorme e supérflua de grãos e para quem isso não faria a menor diferença? Imaginemos que essa medida de trigo fosse necessária para o sustento do ladrão. Consequentemente, uma pessoa poderia roubar sem ser repreendida ou dar falso testemunho, sem cometer pecado algum. Mas o que poderia ser mais perverso do que isso? Se acaso visses alguém roubando aquela medida de trigo e, interrogado, mentisses honestamente em prol do pobre, mas fosses culpado por roubares para remediar tua própria pobreza? Não seria como se devesses amar o próximo mais que a ti mesmo? Portanto, ambas essas coisas são repulsivas e devem ser evitadas.

— SE EXISTEM MENTIRAS HONESTAS QUE NÃO — SÃO BENÉFICAS NEM PREJUDICAM QUEM QUER QUE SEJA

12. 20. Entretanto, talvez alguém pense que sejam possíveis algumas mentiras honestas que não só não prejudicam ninguém, mas também beneficiam alguns, excetuando aquelas por meio das quais crimes são ocultados ou defendidos: como a mentira supra-citada, que embora não prejudique ninguém e favoreça um pobre, todavia, oculta o furto. Se, porém, uma mentira não prejudicasse ninguém e favorecesse alguém, de tal modo que nenhum pecado fosse ocultado ou defendido, não seria desonesta. Por exemplo, se alguém escondesse seu dinheiro na tua presença, e, em seguida, interrogado, viesses a mentir, não prejudicarias a ninguém e beneficiarias aquele para quem era necessário esconder o dinheiro – não cometerias pecado algum. Porque ninguém peca ao esconder algo que lhe pertence, se tem medo de perdê-lo. Mas se não pecamos ao mentir, uma vez que não escondemos o pecado de ninguém, nem prejudicamos, mas beneficiamos alguém, o que diremos do pecado em si mesmo? Onde está escrito *Não furtarás* está também *Não dirás falso testemunho* (Ex 20,15.16). Portanto, se ambos são expressamente proibidos, porque o falso testemunho não seria culpável quando encobre um furto ou outro pecado? Pois, se não existe defesa para nenhum pecado por si mesmo, como o próprio furto, por si mesmo, não seria culpável tanto quanto os restantes pecados? Se não é permitido ocultar um pecado mentindo, seria lícito cometê-lo?

— DAR FALSO TESTEMUNHO SEMPRE EQUIVALE — A MENTIR?

12. 21. Se isso é absurdo, o que diremos? Porventura só existe falso testemunho quando acusamos outra pessoa falsamente de um crime, escondemos o crime de alguém ou fazemos alguma espécie de pressão judicial contra quem quer que seja? De fato, parece que uma testemunha é necessária ao juiz para que tenha conhecimento da causa. Porém, se a Escritura reconhecesse apenas esse tipo de testemunha, o Apóstolo não diria: *Seríamos tidos como falsas testemunhas de Deus, se déssemos um falso testemunho contra Deus, ao dizer que ressuscitou a Cristo, ao qual não ressuscitou* (1Cor 15,15). Isso demonstra que um falso testemunho é uma mentira, até mesmo quando é um falso elogio.

O FALSO TESTEMUNHO E A MENTIRA

13. 21. Acaso dá falso testemunho aquele que mente, seja ao inventar um pecado de outrem, seja ao esconder ou prejudicá-lo de algum modo? Pois, se uma mentira contrária à vida temporal de qualquer um é detestável, não seria pior aquela que é contrária à vida eterna? É desse tipo toda mentira que atenta contra a doutrina da religião. Por isso, o Apóstolo chama de falso testemunho que alguém minta sobre Cristo, mesmo quando isso parece pertencer ao seu louvor. Não seria essa uma mentira repreensível e um falso testemunho, mesmo que o pecado de outrem não fosse inventado ou escondido, mesmo sem ser passível de inquérito judicial, seja em prejuízo seja em benefício de alguém?

— É POSSÍVEL MENTIR PARA NÃO ENTREGAR — UM HOMICIDA OU UM INOCENTE QUE ESTÁ SENDO PROCURADO PARA SER JUSTIÇADO?

13. 22. O que diríamos se um homicida pedisse refúgio a um cristão ou este visse para onde aquele fugiu, e fosse interrogado por alguém que buscasse o homem para levá-lo ao suplício, a saber, pelo executor? Deve-se mentir nesse caso? Como não encobre um pecado mentindo, quando aquele, por quem mente, cometeu um pecado criminoso? Acaso pode mentir porque não foi interrogado a respeito do pecado, mas sobre o lugar do esconderijo? Mentir para esconder o pecado de alguém é mau: Porventura não seria um mal mentir para esconder um pecador? Assim é, dirá alguém, pois não peca quem evita o suplício, mas quem pratica algo digno de suplício. Porque faz parte da disciplina cristã não desesperar da correção nem fechar as portas da penitência para ninguém. E se fosses levado ante um juiz e questionado acerca do esconderijo do assassino? Dirias "Não está ali", onde sabes que está. Ou dirás "Não soube e não vi" ao invés daquilo que sabes e vistes? Darás, pois, falso testemunho e matarás tua alma para que um homicida não seja morto?

E se porventura até o momento que chegasses à presença do juiz, mentisses, porém, quando inquirido pelo juiz em pessoa, dissesses a verdade para não dar falso testemunho? Matarás aquele homem por tua traição! De fato, o traidor é detestado pela divina Escritura. Acaso é traidor não quem diz a verdade ante um juiz que o interroga, mas sim quem dá voluntariamente informações que levam alguém à destruição?

E se fores interrogado da parte de um juiz acerca do local onde se esconde um homem inocente e justo, mas aquele que te interroga é o executor da pena, não o que há dado a ordem? Não seria falso testemunho mentir a favor de um inocente, porque não é o juiz, mas o executor que te interroga? E se o próprio autor da lei te interrogasse, ou um juiz iníquo que buscasse o inocente para condená-lo à morte? Porventura seria um traidor aquele que delatasse espontaneamente um homicida escondido a um juiz justo? Ou não seria traidor aquele que indicasse o esconderijo de um inocente, que se confiara a ele, a um juiz injusto que estivesse perseguindo o inocente para matá-lo? Acaso ficarias indeciso entre o crime de falso testemunho e o de traição? Ou terás certeza que te calando ou declarando que não dirás nada evitarás as duas coisas? Por que não fazes isso antes de vir ao juiz, para que evites também a mentira? Pois, ao evitar a mentira, fugirás de todo falso testemunho, porque, ou todo falso testemunho é mentira ou nenhum. Todavia, se evitares o falso testemunho como pensas ser o caso, não fugirás de toda a mentira. Tua fortaleza e dignidade não seriam muito maiores se dissesses: "Não trairei e não mentirei"?

O BISPO FIRMO DE TAGASTE NÃO QUIS MENTIR NEM TRAIR E FOI CAPAZ DE SUPORTAR TORMENTOS

13. 23. Foi o que fez outrora um bispo de Tagaste, de nome Firmo e de vontade ainda mais firme. Pois, quando foi inquirido por guardas, a mando do imperador, a respeito de um homem que solicitara refúgio junto a si, e que ele ocultava com a máxima diligência, respondeu aos guardas que não podia nem mentir nem entregar o homem; por esse motivo, sofreu muitas torturas (já que, naquela época, os imperadores ainda não eram cristãos), mas persistiu em sua decisão. Depois, levado à presença do imperador, Firmo pareceu-lhe tão admirável (em sua firmeza), que, sem nenhuma dificuldade, o bispo de Tagaste obteve o perdão para o homem a quem dera refúgio.

O que poderia ser mais corajoso e forte do que isso? Entretanto, alguém mais tímido poderia dizer: Estou preparado para sofrer qualquer tortura ou até mesmo entregar-me à morte para não pecar; porém, mentir não é pecado quando não prejudicas ninguém nem dás falso testemunho e beneficias outrem, mas é um pecado tolo e grave suportar tormentos em vão e arrojar inutilmente uma vida e uma saúde ainda úteis à crueldade dos torturadores. Eu perguntaria a este alguém por que teme as Escrituras que dizem *Não darás falso testemunho* (Ex 20,16), mas não teme o que se diz de Deus: *Destróis todos os que mentem?* (Sl 5,7). A mesma pessoa diria que não está escrito *toda mentira*, mas que entendeu como: *Destróis todos os que dão falso testemunho*, embora *todo falso testemunho* não esteja escrito ali; e também afirmaria que isso foi colocado nesses termos referindo-se apenas a coisas que são más em todos os sentidos. E quanto ao que ali está escrito: *Não matarás?* (Ex 20,13). Se isso é mal em todos os sentidos, como se escusariam os justos que cometem esse crime, pois mataram a muitos de acordo com a lei? Aquela pessoa responderia que não se mata quando se é ministro de uma ordem justa. Aceito a timidez de pessoas como essa, mas creio que é mais louvável aquele homem que não quis nem mentir nem agir como traidor: julgo que entendeu melhor o que está escrito e cumpriu com mais coragem esse entendimento.

O QUE RESPONDERÁS QUANDO, CIENTE DO PARADEIRO, FORES INTERROGADO SOBRE ALGUÉM QUE ESTÁ SENDO PROCURADO PARA SER MORTO

13. 24. Entretanto, às vezes se chega em assunto como esse a uma situação em que não somos interrogados sobre onde se encontra aquele que é procurado, nem nos obrigam a entregá-lo, já que está escondido de tal forma que não pode ser encontrado facilmente, a não ser que seu esconderijo seja revelado. Mas nos perguntam apenas se ele está neste lugar ou não. Se sabemos que está ali e ficamos calados, o entregamos. E mesmo que declarássemos que não diremos se ele está ou não ali, o mero fato de dizermos isso deixa claro, ao que pergunta, que o fugitivo se encontra ali, porque se não se encontrasse, a pessoa que não deseja mentir e nem tampouco entregar o homem diria simplesmente que ele não se encontra ali. Assim, tanto por nosso silêncio quanto por nossas palavras o homem é entregue para aquele que tem o poder de entrar no esconderijo, procurar e encontrar o fugitivo, cuja descoberta poderia ser evitada por uma mentira nossa.

Por isso, se não sabes onde ele se encontra, não há nenhum motivo para ocultar a verdade: deves confessar que não sabes. Porém, se sabes onde ele está, seja ali onde está sendo procurado, seja em outro lugar, quando fores interrogado, não deves dizer que não está ali, mas sim: "Sei onde está, mas nunca mostrarei". Pois, se não responderes nada a respeito de um lugar específico e, ao mesmo tempo, declarares que não queres entregar ninguém, é como se indicasses esse lugar específico com o dedo, dando a suspeita como certa. Mas se disseres que sabes onde está o fugitivo, mas que não o dirás, pode ser que afastes a atenção do investigador, e que ele te sobrecarregue de perguntas para que reveles o esconderijo. O que quer que sofras por uma fidelidade e humanidade como essas, não só não te é culpável, mas também serás julgado digno de louvor; excluem-se obviamente situações em que sofres não por tua fortaleza, mas por motivações indecentes e desonestas. Essa é a última classe de mentiras, sobre a qual trataremos com mais cuidado.

OITO TIPOS DE MENTIRA

14. 25. O pecado a ser mais evitado e do qual se deve fugir mais longe é aquele que se faz contra a doutrina da religião; ninguém dever ser conduzido a esse pecado, sob nenhuma condição. O segundo é aquele em que alguém é prejudicado injustamente: ninguém tira vantagem disso e alguém é prejudicado. O terceiro é aquele em que alguém é beneficiado, de tal forma que outra pessoa é prejudicada, embora não se trate de imundícia corporal. O quarto é aquele em que se mente pelo prazer de enganar, que é a mentira pura e simples. O quinto tipo é o da mentira que se diz para agradar, com uma conversa aprazível.

Rejeitados e afastados inteiramente esses cinco tipos de mentira, segue-se um sexto, que não prejudica ninguém e beneficia alguém: um ladrão quer tirar injustamente o dinheiro de uma pessoa, sabemos onde está o valor, mas mentimos e dizemos que não o sabemos, não importando quem seja o interrogante. O sétimo tipo é aquele que não prejudica ninguém e beneficia alguém, exceto se somos interrogados por um juiz: mente-se porque não se quer atraiçoar uma pessoa que está sendo procurada para ser morta, seja ela réu, seja ela justa ou inocente, porque a disciplina cristã ensina que não se desespere da correção, nem se feche a porta da penitência para ninguém. Sobre estes últimos dois tipos, que costumam gerar grande controvérsia, já tratamos suficientemente, e mostramos a solução que preferimos: que homens e mulheres fortes, fiéis e sinceros, suportando os incômodos que possam tolerar com fortaleza e honestidade, evitem também esses dois tipos de mentira. O oitavo tipo de mentira é aquele que não prejudica ninguém e pode ser benéfico, pois protege da imundícia corporal – considerando-se como impurezas somente as que foram mencionadas anteriormente, porque os judeus viam como impuro até o comer sem antes lavar as mãos (Mt 15,2.20), mas se alguém chama isso de impureza, não se trata do tipo que se deve mentir para evitar.

53

Todavia, e se uma mentira prejudicasse alguém, embora protegesse um homem daquela impureza que é abominável para todos os homens? Se porventura esse também é um tipo de mentira que não produz uma ofensa que se enquadra naquele gênero de impureza, é outra questão. Porque, nesse caso, já não se questiona sobre a mentira, mas se devemos causar dano a alguém – não exclusivamente por meio de mentiras –, para que, desse modo, outra pessoa seja afastada daquela impureza. Em minha opinião, não se deve fazer isso de maneira nenhuma, mesmo que se proponham prejuízos levíssimos, como aquele que lembrei acerca da medida de trigo, e por mais que nos perturbem indagando-nos se porventura não deveríamos causar este ou aquele dano a alguém, de tal modo que pudéssemos defender ou proteger outra pessoa para que não fosse violentada. Mas, como eu disse acima, é outra a questão.

— PORVENTURA SE DEVE MENTIR QUANDO UMA — CONDIÇÃO INEVITÁVEL É PROPOSTA

15. 25. Agora retomemos aquela questão que tínhamos começado, a saber, se devemos mentir quando a seguinte condição inevitável nos é proposta: ou mentimos ou somos violentados, ou sofremos alguma outra iniquidade execrável, mas mentindo não faríamos mal a ninguém.

NESSE CASO, DEVEM SER LEVADAS EM CONSIDERAÇÃO AS SANTAS AUTORIDADES, QUE PROÍBEM A MENTIRA, E OS ENSINAMENTOS QUE SE DERIVAM DAS AÇÕES DOS SANTOS

15. 26. Essa questão só terá alguma chance de consideração, caso primeiramente discutamos as Sagradas Escrituras com diligência, as quais proíbem a mentira. Caso elas não façam nenhuma referência a esse assunto, em vão buscamos aquilo que saímos a procurar. Pois devemos observar a Lei de Deus e sua vontade em sua totalidade, e de maneira tranquila também em coisas que, por sua observação, viermos a sofrer. Se, no entanto, houvesse maneira de abrir uma brecha para alguém, não deveríamos rejeitar a mentira nesse caso. Porque as Sagradas Escrituras não possuem somente os preceitos de Deus, mas também a vida e o procedimento dos justos. Assim, caso esteja oculto nas Escrituras o modo como devemos entender um ensinamento, este é entendido a partir das ações dos justos. Excetuam-se aquelas ações que possam referir-se à significação alegórica, como são quase todas as descritas no Antigo Testamento, embora ninguém duvide dos fatos: quem ousaria dizer que ali há alguma coisa que não pertence à prefiguração simbólica?

Obviamente, em sentido simbólico, é que o Apóstolo afirma que os filhos de Abraão representam os dois Testamentos (Gl 4,22-24), dos quais se pode declarar com muita facilidade que nasceram e viveram de acordo com a ordem natural da vida e propagação dos povos (não surgiram de maneira fantástica ou prodigiosa, para que assim lhes fosse atribuída uma significação simbólica). E Paulo declara que tanto o admirável benefício que Deus prestou ao povo de Israel ao livrá-los da servidão com que era oprimido no Egito quanto sua punição com a qual os castigou quando pecaram no caminho têm sentido figurado (1Cor 10,1-11). Que ações encontramos aí com base nas quais possamos abolir aquela regra de interpretação, presumindo que não devam referir-se a figura alguma?

Excetuando-se, portanto, essas ações, sirvam-nos de exemplo, para o modo de interpretar os preceitos contidos nas Escrituras, os atos que foram praticados pelos santos e são descritos no Novo Testamento, cuja imitação é recomendada com muita clareza.

O PRECEITO QUE ORDENA OFERECER A OUTRA FACE

15. 27. Assim, quando lemos no Evangelho: *Recebeste uma bofetada, oferece a outra face* (Mt 5,39), concluímos que não há mais poderoso e excelente exemplo de paciência do que o do próprio Senhor. Mas, quando Ele recebeu uma bofetada, não disse: Eis aqui a outra face; mas sim: *Se disse algo de errado, prova-o, mas, se disse bem, por que me bates?* (Jo 18,23).

Em que Ele demonstra que a preparação da outra face é feita no coração. O Apóstolo Paulo certamente sabia disso, pois, quando também ele próprio recebeu uma bofetada perante o Sumo Sacerdote, não disse: "Bate na outra face", mas: *O Senhor te golpeará, parede branca; tu te assentas para julgar-me segundo a lei e contra a lei me julgas?* (At 23,3).

Paulo entendeu profundamente que o sacerdócio dos judeus tinha chegado a um ponto que, embora brilhasse externamente no nome, internamente era sórdido, cheio de impuras concupiscências. Quando disse essas palavras, Paulo via em seu espírito que esse sacerdócio, por castigo do Senhor, estava chegando ao fim. Entretanto, ele tinha o coração preparado não só para receber outras bofetadas, mas também quaisquer outras formas de tortura que devesse suportar pela verdade e por amor daqueles que o fariam suportá-las.

— O PRECEITO DE NÃO JURAR POR MOTIVO ALGUM —

15. 28. Está também escrito: *Eu, porém, vos digo: não jureis por motivo algum.* No entanto, o Apóstolo jurou em suas epístolas (Rm 9,1; Fl 1,8; Gl 1,20) e assim mostrou como se deve entender o que foi dito: *Digo a vós, não jureis por motivo algum,* a saber: para que, não fazendo isso, não sejamos levados a jurar com facilidade, depois adquiramos o hábito e, por fim, do hábito, degeneremos no perjúrio.

Por esse motivo, não se encontra nas Escrituras que Paulo tenha jurado a não ser por escrito, pois considerou que isso seria mais cauteloso do que se precipitar com a língua; desse modo, demonstrou como se deve entender "mau" na passagem que diz: *O que passa disso é mau* (Mt 5,34.37). Todavia não se tratava de fraqueza do Apóstolo, mas daqueles que o forçavam a jurar desse modo. Se Paulo alguma vez jurou por fala e não por escrito, desconheço que as Escrituras tenham dito algo a respeito.

No entanto, o Senhor disse *não jureis por motivo algum*; por conseguinte, não concedeu que o juramento fosse lícito aos que escrevem. Entretanto, é deplorável afirmar que Paulo, que escreveu e publicou cartas para a salvação e vida espiritual dos povos, tenha violado um preceito do Senhor. Assim, deve-se entender que este *motivo algum* foi colocado para que, na medida do possível, não aspiremos, não amemos, não pretendamos jurar com prazer, como se fosse uma coisa boa.

O PRECEITO DE NÃO PENSAR NO AMANHÃ

15. 29. O mesmo é válido para esta palavra: *E assim, não penseis no que comereis, bebereis e vestireis* (Mt 6,25.34). Porque sabemos que o próprio Senhor tinha uma bolsa onde era colocado o dinheiro a ser usado quando fosse necessário (Jo 12,6). E os próprios apóstolos ocupavam-se de muitas coisas referentes às necessidades dos irmãos, não só as do amanhã imediato, mas também as de um tempo mais alongado de despesas com a fome, como lemos nos Atos dos Apóstolos (At 11,28-30). Assim, fica bem claro que esse preceito deve ser entendido de tal forma que não façamos nosso trabalho por amor aos bens materiais ou temor da miséria como se o fizéssemos por necessidade.

— O PRECEITO SEGUNDO O QUAL OS APÓSTOLOS — DEVERIAM NADA LEVAR EM SUAS VIAGENS

15. 30. Igualmente é dito que os apóstolos viviam do Evangelho sem levar nada em suas viagens. E também sobre isso, em outra passagem, o próprio Senhor explicou o que queria dizer, quando acrescentou: *Pois digno é o operário do seu trabalho* (Lc 10,4.7; Mt 10,10). Portanto, claramente demonstrou que era permitido levar alguma coisa na viagem, mas não obrigatório, para que, se acaso alguém o fizesse, não julgasse que fazia algo ilícito ao receber algo, para sua sobrevivência, daqueles a quem estivesse pregando a palavra de Deus. Entretanto, isso poderia, com maior louvor, não ser feito, como fica bem demonstrado no caso do Apóstolo Paulo que disse: *Aquele que é catequizado tenha comunhão de todos os seus bens com aquele que o catequiza* (Gl 6,6), e, em muitas passagens bíblicas, declarou que essa prática salutar era feita por muitos a quem fora pregada a Palavra de Deus, mas disse que: *todavia, não faço uso desse poder* (1Cor 9,12). Portanto, quando o Senhor diz que os apóstolos não devem levar consigo coisa alguma não está ordenando uma restrição, mas abrindo uma possibilidade. Por conseguinte, quando não conseguimos deduzir a maior parte das coisas que estão escritas, as interpretamos de acordo com as atitudes dos santos, porque, se não fossem evocadas por seu exemplo, a interpretação tomaria outro rumo.

A BOCA DÚPLICE DE VOZ E CORAÇÃO: *SOBRE ESSA BOCA SEJA DITO*: A BOCA QUE MENTE ETC.

16. 31. De igual modo, na passagem em que está escrito: *Mas a boca que mente mata a alma*, pergunta-se a que boca o texto se refere. Pois, muitas vezes quando a Escritura fala de boca, refere-se ao foro íntimo dos julgamentos dos nossos corações, onde aceitamos com alegria e discernimos aquilo que também por meio da voz, quando falamos, anunciamos; de modo que mente com o coração quem se alegra com a mentira. É possível que alguém não minta de coração quando pela voz profere algo diferente do que tem na alma; assim, evita um mal maior por meio de outro, embora se entristeça de ambos. Os que afirmam isso dizem que é, de fato, assim que se deve entender aquela passagem da escritura: *Aquele que diz a verdade em seu coração* (Sl (15)14,2-3), porque, a verdade sempre deve ser dita de coração, mas nem sempre por meio da boca física, caso haja motivo de evitar um mal maior que exija que algo diferente daquilo que está na alma seja proferido pela voz.

De fato, existe uma boca no coração, porque podemos entender que não é absurdo que se entenda que há uma boca onde existe conversação. E não seria correto dizer: *Aquele que diz em seu coração* a não ser que se entenda que há uma boca no coração. Assim também, onde está escrito: *Mas a boca que mente mata a alma*, levando-se em conta o contexto, provavelmente não se pode entender de outra forma. De fato, uma resposta é obscura quando se esconde das pessoas, porque a boca do coração não pode ser ouvida a não ser que ressoe na boca física.

Todavia, a Escritura declara, nessa mesma passagem, que aquela boca é ouvida pelo Espírito do Senhor, que está presente em toda parte; e o mesmo texto menciona lábios, voz e língua, e nada disso é entendido a não ser que se refira ao coração, porque a Escritura declara que este não se oculta do Senhor; contudo, o som que pertence aos nossos ouvidos (do corpo) não é oculto para as pessoas. De fato, está escrito: *O Espírito da sabedoria é humano, não deixará sem punição os lábios do maldizente: porque o Senhor é testemunha de sua intimidade, perscrutador de seu coração, ouvinte verdadeiro de suas palavras. De fato, o Senhor está em toda parte e tem conhecimento de todas as palavras. Por isso, aquele que profere iniquidades não poderá esconder-se, nem será poupado do juízo que castiga. As cogitações do ímpio serão interrogadas, seu discurso será ouvido pelo Senhor para que suas iniquidades sejam castigadas. Pois o ouvido zeloso tudo ouve, e o tumulto das murmurações dele não se esconde. Guardai-vos, pois, da murmuração, que não traz benefício algum, poupai-vos da língua detratora! Porque a resposta obscura não cairá no vazio, mas a boca que mente mata a alma* (Sb 1,6-11). Portanto, essa passagem parece ameaçar aqueles que pensam que é obscuro e secreto o que deliberam no coração, mostrando que essas deliberações são tão claras aos ouvidos de Deus a ponto de chamá-las de tumulto.

O EVANGELHO TAMBÉM MENCIONA UMA BOCA DO CORAÇÃO

16. 32. Encontramos também, de modo manifesto, uma boca do coração no Evangelho, de tal maneira que o Senhor fala, na mesma passagem, de uma boca do coração e outra do corpo: *Ainda estais sem entendimento? Não entendestes que aquilo que entra pela boca vai para o ventre, e é lançado na latrina, mas o que procede da boca sai do coração, e é isso que polui o ser humano? Porque é do coração que saem os maus pensamentos, os homicídios, os adultérios, as fornicações, os furtos, os falsos testemunhos, as blasfêmias e são essas as coisas que poluem o ser humano* (Mt 15,16-20). Se entendermos aqui uma boca física, como haveremos de entender esta passagem: *mas aquilo que procede da boca sai do coração?* O escarro e o vômito não saem também da boca? Alguém se infectaria ao comer algo imundo ou ao vomitá-lo? Isso é deveras absurdo! Portanto, o que nos resta é entender que o Senhor está falando de uma boca do coração quando diz: *Aquilo que procede da boca sai do coração.* O furto, por exemplo, sempre que possível – e é assim que frequentemente acontece – é perpetrado no silêncio da voz e da boca do corpo. Seria pura demência se essa passagem fosse entendida por nós de modo a pensarmos que alguém seria contaminado pelo pecado do furto se confessasse ou indicasse seu crime, e inocente se se mantivesse calado. Mas se o que o Senhor nos disse nessa passagem se refere à boca do coração, é impossível silenciar completamente a respeito de um pecado cometido, pois este não é cometido, a não ser que proceda daquela boca interior.

— SE SOMENTE É PROIBIDA AQUELA MENTIRA —
COM A QUAL SE DIFAMA ALGUÉM

16. 33. No entanto, assim como se pergunta de que boca se diz: *A boca que mente, mata a alma*, também se pode perguntar a que espécie de mentira a passagem se refere. Parece que se trata daquela com que se difama alguém. Porque se declara: *Guardai-vos, pois, da murmuração, que não traz benefício algum, e poupai vossa língua da calúnia*. A difamação acontece por malevolência, quando alguém não apenas divulga com a boca e a voz do corpo, algo que inventou contra outra pessoa, mas também silenciosamente deseja que isso seja crido, o que é certamente caluniar com a boca do coração. Isso não pode permanecer obscuro e oculto perante Deus.

O VERS. 7 DO SL 5 TAMBÉM DEVE SER ENTENDIDO DE TRÊS MODOS

16. 34. Sobre o que está escrito em outro lugar: *Não queiras mentir todo tipo de mentira*, alguns não querem que isso signifique que não exista alguma espécie de mentira que não possa ser mentida. Outros dizem que essa passagem da Escritura é dirigida contra todo o tipo de mentira de um modo tão abrangente que mesmo que alguém quisesse mentir, embora não estivesse mentindo, a própria vontade já seria condenada, e, portanto, que não se deve interpretar essa passagem como dizendo: "não *mentir* todo tipo de mentira", mas sim: "não *querer mentir* todo tipo de mentira", para que, desse modo, ninguém nem mesmo queira mentir qualquer mentira.

17. 34. Todavia, alguém dirá: quando a Escritura diz *não querer mentir todo tipo de mentira* deseja que a mentira seja eliminada e apartada da boca do coração, para que, assim, certas mentiras sejam afastadas da boca do corpo, principalmente aquelas que pertencem à doutrina da religião. Todavia, há outras mentiras que não devem ser afastadas da boca do corpo, caso isso seja necessário para que se evite um mal maior. Porém, devemos nos abster completamente de toda mentira da boca do coração.

Nessa passagem é importante entender a expressão *não querer*, já que a própria vontade é sempre entendida como equivalente à boca do coração e esta não mente quando, para evitar um mal maior, mentimos contrariados. Existe também um terceiro entendimento de "não toda", ou seja, que poderíamos mentir com exceção de algumas mentiras, como quando se diz: *Não creias em todo homem*, entendendo que isso não é dito para que não creiamos em ninguém, mas para que creiamos em alguns, não em todos.

Nessa mesma passagem, o que se segue, *Pois o costume de mentir não produz o bem* soa de tal maneira como se não a mentira, mas a mentira assídua, ou seja, o costume e o amor da mentira parecessem dever ser proibidos (Eclo 7,13). Nesse amor e costume certamente cairá alguém que pense que pode abusar de toda mentira (e assim não evitará nem mesmo as mentiras que ferem a piedade e a religião; e o que poderíamos encontrar de mais criminoso não em toda mentira, mas em todo pecado?) ou esse mesmo alguém acomodará sua vontade a qualquer mentira, inofensiva ou leve que seja, e não mentirá contrariado, para evitar um mal maior, mas por amor e de bom grado. Portanto, essa passagem pode ser entendida de três modos: (i) toda mentira é não somente proibida, mas também não deve ser desejada; (ii) embora não querendo mentir, é possível fazê-lo contra a vontade para evitar um mal maior; (iii) é proibido mentir, com exceção de algumas mentiras que são permitidas. O primeiro modo inclui aqueles que nunca se alegram com a mentira, nos outros dois encontram-se os que pensam que às vezes se deve mentir.

Ora, tendo em vista que a *frequência em mentir não é proveitosa para o bem*, não sei se a primeira dessas interpretações pode ser sustentada, a não ser que talvez nunca mentir e nem querer mentir seja exigido dos perfeitos, mas a frequência em mentir não seja permitida aos iniciantes. Assim, quando se ensina que se nunca, absolutamente, não só não se devesse mentir, mas não se devesse ter vontade de mentir, essa dupla proibição fosse contraditória devido a exemplos – porque existem algumas mentiras que foram aprovadas com grande autoridade –, deve-se responder que são mentiras de iniciantes: pessoas que têm no que diz respeito a suas vidas algum ofício de misericórdia; porém, como toda e qualquer mentira é de tal forma má que é sempre evitada pelas almas perfeitas e espirituais de todos os modos, não se deve permitir que, nas iniciantes, torne-se frequente. Já falamos sobre as parteiras egípcias, que mentindo foram aprovadas por sua inclinação de progredir a coisas melhores; porque é um passo na direção do amor da verdadeira e eterna salvação quando alguém, por misericórdia, mente a favor de outra pessoa, mesmo que seja em prol da salvação da vida mortal (Eclo 5,5-7).

— ESTÁ ESCRITO: *DESTRÓIS TODOS OS QUE* —
FALAM A MENTIRA

17. 35. Está também escrito: *Destrói todos os que falam a mentira*. Alguns dizem que, segundo essa passagem, nenhum pecado é excetuado, mas todos são condenados. Outros concordam com essa interpretação, porém, afirmam que se aplica àqueles que falam a mentira de coração, como foi discutido anteriormente. Pois quem odeia a necessidade de mentir e vê nela um castigo desta vida mortal fala a verdade em seu coração.

Outros dizem que, de fato, Deus destrói todos os que falam mentiras, mas não toda mentira, porque existe uma mentira, como declarou o profeta, pela qual ninguém é poupado, a saber: se alguém se recusa a confessar seus pecados, antes argumenta a favor deles e não quer fazer penitência, como se fosse pouco praticar a iniquidade a não ser que, querendo também parecer justo, não se submetesse ao remédio da confissão. A interpretação das seguintes palavras não parece querer dizer outra coisa: *Odeias todos os que praticam a iniquidade* (Sl 5,7); mas não os destróis, se disserem a verdade penitenciando-se na confissão, para que, praticando a verdade, venham à luz; como diz o Evangelho segundo João: *Aquele que pratica a verdade vem à luz* (Jo 3,21). Mas *destróis todos aqueles* que não só praticam o que odeias, mas também mentem, simulando uma falsa justiça e não confessando seus pecados.

— COMO DEVE SER ENTENDIDO O PRECEITO —
QUE PROÍBE DAR FALSO TESTEMUNHO

17. 36. Sobre o falso testemunho, que foi colocado nos dez mandamentos da Lei, não se pode defender que o amor da verdade seja conservado no coração e a falsidade seja proferida àquele a quem se dá o testemunho. Quando se diz algo somente a Deus, então a verdade deve ser abraçada somente no coração, mas quando se diz algo às pessoas, a verdade também deve ser proferida pela boca corpórea, porque o ser humano não é conhecedor do coração. Portanto, com relação ao testemunho em si mesmo, não é absurdo que se pergunte diante de quem cada um seja testemunha.

Pois não somos testemunhas diante de qualquer um, mas somente diante daqueles a quem é conveniente e que devem conhecer ou crer na verdade por meio de nós: como o juiz, para que não erre em seu julgamento, ou aquele a quem se ensina a doutrina da religião, para que não erre em sua fé, ou fique em dúvida em razão da própria autoridade daquele que ensina. Porém, quando aquele que nos interroga para colher alguma informação está em busca de algo que não lhe pertence ou que não é conveniente que saiba, procura um traidor, não uma testemunha. Assim, se mentes a ele, te afastarás talvez do falso testemunho, mas não certamente da mentira.

68

COMO SE DEVE INTERPRETAR OUTRA PASSAGEM DA ESCRITURA

18. 36. Portanto, tendo estabelecido que nunca é lícito dar falso testemunho, pergunta-se se algumas vezes é permitido mentir. Ou, se toda mentira é um falso testemunho, é necessário examinar se ela admite compensação, como quando se declara que se mente para evitar um pecado maior. Por exemplo, está escrito: *Honra teu pai e tua mãe* (Ex 20,12), que é um preceito que pode ser desconsiderado em prol de outro mais importante. Daí que se proíbe aquele que foi chamado pelo Senhor para anunciar o Reino de Deus que pague a derradeira honra da sepultura a seu pai (Mt 8,22).

— O QUE FOI ENCONTRADO ATÉ O MOMENTO A — RESPEITO DOS DOIS LADOS DA INVESTIGAÇÃO PRECEDENTE

18. 37. Igualmente está escrito: *O filho que guarda a palavra se afastará da perdição, mas, ao recebê-la, recebe-a para si, e nada de falso procede da sua boca* (Pr 29,27; 24,23). Nessa passagem, a expressão *ao recebê-la* só pode ser interpretada como se referindo à Palavra de Deus. Portanto, *O filho que recebe a verdade estará longe da perdição* faz referência ao que foi dito anteriormente: *Destróis todos os que falam a mentira* (Sl 5,7). O que vem a seguir – *mas, ao recebê-la, recebe-a para si* – não indica outra coisa a não ser aquilo que o Apóstolo diz: *Cada um examine sua obra e então terá glória em si mesmo e não em outro?* (Gl 6,4). Por conseguinte, aquele que recebe a palavra, ou seja, a verdade, não para si, mas para agradar as pessoas, não a guarda quando percebe que a mentira lhes é mais agradável. Todavia, nada falso procede da boca de quem recebe a verdade para si, porque, mesmo quando a mentira agrada as pessoas, quem a recebe para si não mente, pois guarda a verdade que agrada a Deus e não as pessoas.

Portanto, não é correto que se diga que Deus destrói todos os que mentem, mas não toda espécie de mentira, uma vez que todas as mentiras são proibidas quando se diz: *E nada de falso procede de sua boca.* Mas há quem declare que isso deve ser interpretado de outra forma, como entendeu o Apóstolo Paulo acerca do que disse o Senhor: *Eu, porém, vos digo: não jureis de modo algum* (Mt 5,34). Porque aqui todo juramento é suprimido, mas da boca do coração, para que nunca se produza aprovação a partir da nossa vontade, mas sim a partir da necessidade da fraqueza de outra pessoa, que não podemos persuadir do que estamos falando a não ser que, por nosso juramento, acredite em nós; ou, por causa da nossa própria maldade; porque, ainda revestidos com a pele de nossa mortalidade, não temos coragem de mostrar nosso coração, pois, se tivéssemos, o juramento certamente não seria necessário. Entretanto, se a frase completa declara: *O filho que guarda a palavra se afastará da perdição* (Pr 29,27), essa declaração é sobre a própria verdade, pela qual todas as coisas foram feitas (Jo 1,3), que permanece imutável para sempre. E já que o ensinamento da religião esforça-se por levar as pessoas à contemplação da verdade, é possível interpretar *E nada de falso procede de sua boca* como se referindo a nada de falso concernente ao ensinamento da religião. Porque esse tipo de mentira não suporta nenhuma compensação e deve ser evitado acima de tudo e inteiramente. Ora, se *nada de falso* é entendido de modo absurdo como não se referindo a toda mentira, devemos entender a expressão *de sua boca* como relacionada à boca do coração, seguindo a argumentação apresentada anteriormente, defendida por quem pensa que se deve mentir às vezes.

— O ERRO NA AVALIAÇÃO DO MAL NASCE DA — PARCIALIDADE E DO COSTUME. OS DOIS LADOS DE NOSSA VIDA

18. 38. Embora certamente essa discussão se alterne entre aqueles que, citando o testemunho das Escrituras, afirmam que nunca se deve mentir, e aqueles que, contradizendo os primeiros, buscam nas Sagradas Escrituras o lugar da mentira, ninguém, porém, tem condições de dizer que encontrou algum exemplo ou palavra das Escrituras que dê a entender que se deve amar e não odiar qualquer mentira. Algumas vezes, porém, embora odiemos mentir, o fazemos para evitar coisas ainda mais detestáveis. Todavia, nisso as pessoas erram, pois colocam coisas de menor valor acima das preciosas. Porque, quando se autoriza a admissão de algum mal para que outro mais grave não seja admitido, isso não se faz de acordo com a lei da verdade, mas se avalia o mal de acordo com o bel-prazer ou costume de cada um, ou seja, é visto como mais grave aquilo que incomoda mais e não aquilo que, de fato, deve-se evitar. Todo esse vício nasce do desvirtuamento do amor.

Nossa vida tem dois lados: um eterno, divinamente prometido, outro temporal, no qual estamos agora. Quando alguém começa a gostar mais do temporal que do eterno, julga que tudo deve ser feito a favor do seu lado favorito; e não estima que existem pecados mais graves que aqueles que prejudicam esta vida, sejam os que lhe retiram alguma comodidade de forma iníqua e ilícita, sejam os que, pela morte, arrebatam-lhe a vida inteiramente.

Assim, os ladrões, os usurpadores, os injuriosos, os torturadores e os assassinos são mais odiados que os lascivos, os ébrios e os luxuriosos, contanto que não prejudiquem ninguém. Na verdade, não se entende ou não se dá importância ao fato de que estes últimos ofendem a Deus; realmente não causam a Ele qualquer incômodo, mas, para sua grande perdição, corrompem Seus dons em si mesmos, até mesmo os temporais, e, pela corrupção destes, afastam-se dos bens eternos, especialmente se já começaram a existir como templos de Deus. Pois o Apóstolo diz aos cristãos: *Não sabeis que vós sois o templo de Deus, e que o Espírito de Deus habita em vós? Quem destrói o templo de Deus, será destruído por Ele. Porque o templo de Deus que sois vós é santo* (1Cor 3,16-17).

OS PECADOS MENORES: SE ACASO SÃO ADMITIDOS NÃO PELA UTILIDADE TEMPORAL, MAS TALVEZ PARA A CONSERVAÇÃO DA SANTIDADE

18. 39. Certamente todos estes pecados, sejam os que prejudicam as pessoas nas comodidades de sua vida, sejam os que causam dano às próprias pessoas sem prejudicar ninguém, embora pareçam proporcionar prazer ou utilidade para esta vida temporal (pois ninguém os cometeria por outro fim e propósito), de vários modos embaraçam e impedem aquela vida que é eterna. Entretanto, alguns desses pecados atrapalham somente os que os cometem, outros, também aqueles contra quem são cometidos. Pois, quando as coisas que guardamos para a utilidade desta vida nos são roubadas pelos iníquos, só eles pecam: são privados da vida eterna somente os que roubam, mas não aqueles contra quem o roubo é cometido. Portanto, embora alguém consinta que essas coisas lhe sejam roubadas, seja para evitar outro mal, seja para não ter que se incomodar ainda mais, não somente não peca, como faz isso, por um lado, de modo louvável e corajoso, por outro, de forma útil e sem culpa. Porém, a santidade e a doutrina, caso os injuriosos queiram violá-las, devem ser conservadas até mesmo com pecados menores, que não prejudiquem ninguém, dadas a condição e a possibilidade de isso ser feito – e assim deixam de ser pecados, porque os sofremos para evitar faltas mais graves.

Do mesmo modo que, nas coisas materiais, seja no dinheiro ou outra comodidade, não se considera dano o que se perde visando um lucro maior, assim também, nas coisas santas, não se considera pecado o que se admite para que algo mais grave não seja admitido. Ora, se aquele que perde algo para não perder ainda mais, for condenado, aquilo que foi dito acima também deve ser considerado pecado, embora suportado para que se evite algo mais grave – o que ninguém duvida, da mesma forma que ninguém duvida que se deva sofrer um dano menor para evitar maior prejuízo.

O PUDOR EM RELAÇÃO AO CORPO, A INTEGRIDADE DA ALMA E A VERDADE DA DOUTRINA DEVEM SER CONSERVADOS EM FAVOR DA SANTIDADE

19. 40. Estas três coisas devem ser conservadas em benefício da santidade: o pudor do corpo, a integridade da alma e a verdade da doutrina. Ninguém viola o pudor do corpo sem o consentimento e a permissão da alma. Pois, o que quer que aconteça a nosso corpo, contra nossa vontade e atribuível a força maior, não representa qualquer tipo de impureza. Porém, há razão para permitir, mas nenhuma para consentir. Daí, portanto, que consentimos quando aprovamos e queremos, mas permitimos, contrariamente a nossa vontade, para evitar algo ainda mais ignóbil. Na verdade, o consentimento na impureza corporal também viola a integridade da alma. Com efeito, a castidade da alma está na boa vontade e no querer sincero, que não se corrompe, a não ser quando amamos e desejamos aquilo que a verdade ensina que não deve ser amado e desejado. Portanto, devemos preservar a sinceridade do amor de Deus e do próximo, pois nisso a castidade da alma é santificada. E devemos fazê-lo com todas as forças possíveis e com orações, para que, se acaso busquem violar a pureza do nosso corpo, nem mesmo o sentido mais externo, que está entrelaçado com a carne, seja tocado por algum prazer; porém, não sendo isso possível, a castidade é preservada pela falta de consentimento.

Ora, a pureza deve ser guardada na alma, no que diz respeito ao amor do próximo, com inocência e benevolência, e no que diz respeito a Deus, com piedade. A inocência consiste em não prejudicarmos ninguém; a benevolência em sermos úteis no que for possível; a piedade, em cultuarmos a Deus.

A verdade da doutrina, religião e piedade não podem ser violadas a não ser pela mentira, mas de nenhum modo pode ser violada a suma e íntima verdade dessa doutrina. Não nos será permitido chegar a essa verdade e nela permanecer a não ser quando o corruptível se revestir do incorruptível e o mortal do imortal (1Cor 15,53).

Nesta vida, toda piedade consiste em um exercício que tende à piedade, para a qual a doutrina nos oferece um guia e por meio de palavras humanas e sinais sacramentais palpáveis introduz e expõe a verdade. Por isso, a doutrina, que pode ser corrompida pela mentira, deve ser maximamente preservada incorrupta, para que, se algo for profanado naquela pureza da alma, seja passível de reparação. Pois, uma vez corrompida a autoridade da doutrina, não pode haver caminho de ida ou retorno para a pureza da alma.

O PUDOR DO CORPO NÃO É MOTIVO PARA MENTIR. QUANDO A FÉ É DECLARADA. A PUREZA DA ALMA

20. 41. De tudo o que foi discutido, chega-se a esta conclusão: a mentira que, em nome da pureza do corpo, não viola a piedade da doutrina, nem a inocência, nem a benevolência pode ser admitida. Entretanto, e se alguém se propusesse a amar a verdade de tal modo a não apenas contemplá-la, mas também a enunciar verdadeiramente tudo que é verdadeiro e a não proferir outra afirmação com sua boca que não aquela que concebera e contemplara em sua alma? E se essa pessoa fizesse isso para colocar a beleza da fé verdadeira acima não só do ouro e da prata, das pedras preciosas e do conforto, mas também completamente acima desta vida temporal e de todos os bens do corpo? Não sei se alguém poderia dizer, com conhecimento de causa, que essa pessoa tivesse errado. E se essa mesma pessoa coloca a verdade acima de todos os seus bens, preferindo-a a eles, também retamente fará o mesmo com relação aos bens de outras pessoas, às quais, com sua inocência e benevolência deverá ajudar a salvar. Porque amar a fé perfeita não é somente crer integralmente naquilo que é dito por uma autoridade fidedigna, mas é também enunciar fielmente aquelas coisas que se julgam dignas de serem ditas, e dizê-las. De fato, em latim, a palavra "fé" origina-se de "aquele que faz o que é dito", e é óbvio que o mentiroso não exibe tal comportamento.

Embora a verdade seja menos violada quando alguém mente de tal maneira que acreditem nele ou nela, sem causar nenhum prejuízo ou dano e, ademais, tenha a intenção de conservar seja a salvação, seja a pureza do corpo, mesmo assim, a verdade é violada, e também se viola algo na pureza e santidade da alma que deveria ser conservado. Daí que sejamos obrigados a concluir – não por meio da opinião humana, que muitas vezes erra, mas pela própria verdade, que está acima de tudo e é invencível – que devemos

77

colocar a fé perfeita acima também da pureza do corpo. Porque a pureza da alma é o amor ordenado, o qual não submete as coisas mais valorosas às de menor valor. Todavia, o que pode ser violado no corpo é menos importante que o que pode ser violado na alma. Pois, certamente, quando alguém mente para defender a pureza corporal, de fato, percebe que seu corpo está sendo ameaçado de ser corrompido pela luxúria alheia, mas não pela sua própria; entretanto, procura não dar seu consentimento, de modo que não seja partícipe da luxúria de outra pessoa. Mas essa permissão não está na alma? Portanto, a pureza corporal não se pode corromper a não ser na alma, a qual, não consentindo nem permitindo, de modo algum se pode dizer, com razão, que a pureza do corpo seja violada, seja o que for que tenha sido perpetrado no corpo pela luxúria alheia. Daí conclui-se que a castidade da alma deve ser conservada muito mais na alma, onde se encontra a defesa da pureza do corpo. Por isso, com todas as nossas forças, devemos fortalecer e defender a alma e o corpo com santos costumes e relações, para que não sejam violados por algo externo. Porém, quando não é possível proteger ambos, quem não vê qual dos dois se deve desprezar? É quando vemos o que se deve preferir a quê: a alma ao corpo ou o corpo à alma, a castidade da alma à pureza do corpo ou a pureza do corpo à castidade da alma; é também quando vemos com o que devemos tomar mais cuidado: em permitir o pecado alheio ou em nós mesmos cometê-lo.

EPÍLOGO

21. 42. Fica claro, portanto, a partir de tudo que foi discutido, que os exemplos das Escrituras não aconselham outra coisa senão que nunca se deve mentir. Visto que não se encontra nenhum exemplo de mentira digno de imitação nos costumes ou nas ações dos santos no que diz respeito aos escritos que não contenham sentido figurado, como é o caso dos acontecimentos relatados nos Atos dos Apóstolos. E todas as coisas que se relatam do Senhor, no Evangelho, que parecem mentiras aos indoutos, têm sentido figurado. E quanto ao que disse o Apóstolo: *Fiz-me tudo para todos, para a todos ganhar* (1Cor 9,22), a forma correta de entender é que não mentia, mas que o fazia por compaixão: com tal caridade agia em prol da libertação deles, que era como se ele próprio sofresse do mal do qual desejava salvá-los. Portanto, não se deve mentir no que diz respeito à doutrina religiosa: trata-se de um grande crime e é o primeiro e mais detestável gênero de mentira. Não se deve mentir o segundo gênero de mentira, porque a ninguém se deve injuriar. Não se deve mentir o terceiro gênero, porque não se deve consentir na injúria de outrem. Não se deve mentir o quarto gênero, ou seja, mentir pelo prazer de mentir, porque é vicioso por si mesmo.

Não se deve mentir o quinto gênero, porque, se nem mesmo a verdade deve ser enunciada com a finalidade de agradar as pessoas, não será a mentira, que, por ser mentira, é sempre vergonhosa, menos ainda? Não se deve mentir o sexto gênero, pois não é correto que a verdade do testemunho seja distorcida para benefício ou segurança de quem quer que seja. Ninguém pode ser levado à salvação eterna com a ajuda de uma mentira, pois não é por meio dos maus hábitos de quem o converte que alguém deve ser convertido a bons costumes; porque, se isso se faz ao prosélito, ele fará o mesmo a outras pessoas e, assim, será convertido não a bons costumes, mas a maus hábitos, já que foi proposto que imitasse posteriormente aquilo que lhe havia sido apresentado na conversão.

Não se deve mentir o sétimo gênero, porque não se deve preferir o conforto ou a saúde temporal de alguém ao aperfeiçoamento da fé. Nossas retas ações não devem ser abandonadas nem mesmo se alguém, por meio delas, seja levado a praticar o mau, e sua alma fique mais corrompida e se afaste para mais longe da fé. Porque, acima de tudo, temos de nos manter no lugar para onde é nosso dever chamar e convidar aqueles que amamos como a nós mesmos; e, com ânimo resoluto, devemos sorver aquela máxima apostólica: *Para alguns somos odor de vida para a vida, para outros, odor de morte para a morte; quem é capaz disso?* (2Cor 2,16).

Não se deve mentir o oitavo gênero, porque, no bem, a castidade da alma é mais importante que a pureza do corpo; no mal, aquilo que nós próprios fazemos é maior que o que permitimos que os outros façam. Nesses oito gêneros de pecados relacionados à mentira, quanto mais alguém se aproxima do oitavo, peca menos, e, na medida em que pende para o primeiro, peca mais. Além disso, quem quer que pense que algum gênero de mentira não seja pecado, engana-se a si mesmo da maneira mais infame, porque se acha honesto ao enganar os outros.

OS DEFENSORES DA MENTIRA SÃO COMO CEGOS

21. 43. Mas a cegueira que ocupa a alma dos homens é tanta que lhes parece pouco que digamos que algumas mentiras não são pecados e dizem que pecamos se nos recusamos a mentir em certas situações. Eles são levados a defender a mentira com tanta ênfase que defendem até mesmo aquele gênero supremo de mentira, o pior de todos, e dizem que o Apóstolo Paulo fez uso dele. Porque, na Epístola aos Gálatas – que foi escrita, como as outras epístolas, em prol da doutrina da religião e da piedade –, dizem que há uma passagem em que Paulo mentiu, quando disse a respeito de Pedro e Barnabé: *Como visse que não procediam retamente para com a verdade do Evangelho* (Gl 2,14).

Quando, pois, desejam defender Pedro daquele erro e do caminho do vício em que incidiu, esforçam-se por destruir o caminho da religião, em que está a salvação para todos, e acabam por romper e diminuir a autoridade das Escrituras. Quando fazem isso, não se dão conta que propõem que o Apóstolo cometeu não só o crime da mentira, mas também o de perjúrio, porque, em trecho anterior da mesma epístola, em que prega o Evangelho, diz: *Vos escrevo estas coisas, na presença de Deus, por isso não minto* (Gl 1,20). Mas já é chegado o fim de nossa discussão, e de tudo o que se tratou aqui e foi considerado, nada mais se deve pensar ou orar do que aquilo que o próprio Apóstolo disse: *Fiel é Deus, que não permite que sejais tentados além do que possais suportar, mas fará, com a tentação, também uma saída, para que possais resistir* (1Cor 10,13).

CONTRA A MENTIRA

OS QUE ABUSAM DAS MENTIRAS PARA SE ESCONDER, NÃO DEVEM SER ARRANCADOS DE SEUS ESCONDERIJOS POR NOSSAS MENTIRAS.

1. 1. Tu me enviaste muitas coisas para serem lidas, caríssimo irmão Consêncio, realmente me enviaste muitas coisas para serem lidas; e enquanto me preparava para responder, fui impedido por várias outras ocupações mais urgentes, e assim o ano passou; agora estou angustiado, devendo de algum modo responder, para não reter por mais tempo o portador que, tendo já chegado o tempo favorável de navegar, deseja voltar para casa. Por isso, li imediatamente todas as coisas que de tua parte me foram trazidas pelo servo de Deus Leonas e, depois, quando me decidi ditar a resposta repassei, reli tudo e considerei cada coisa com a atenção que me foi possível. Causou-me muito prazer tua maneira de escrever, o conhecimento das santas Escrituras, a agudez do teu espírito, o desprazer que te leva a censurar certos católicos negligentes e ainda o zelo com que atacas os hereges, que se escondem. Todavia, não me convence a ideia que, para arrancá-los de seus esconderijos, se deva recorrer às nossas mentiras. De fato, qual o motivo pelo qual os procuramos com tanto cuidado e os indagamos senão para surpreendê-los em campo aberto ou também para ensinar-lhes a verdade ou para que eles, convencidos pela verdade, sejam impedidos de prejudicar os outros? E isso para que sua mentira seja eliminada, ou evitada, e aumente a verdade de Deus. Por isso, como poderei combater corretamente as mentiras com a mentira? Poder-se-á combater os latrocínios com o latrocínio, os sacrilégios com o sacrilégio, os adultérios com o adultério? Ora, se mediante a minha mentira abundar a verdade de Deus, também nós haveremos de dizer: *Façamos o mal para que venha o bem* (Rm 3,7-8). Vês como isso é detestado pelo apóstolo. Pois o que significa: mintamos para reconduzir os hereges mentirosos à verdade, senão: façamos o mal para que venha o bem? Ou será que algumas vezes a mentira é um bem ou, às vezes, a mentira não é um mal? Por

que, pois, está escrito: *Odiaste, Senhor, quem pratica a iniquidade, perderás todos os que dizem mentiras?* (Sl 5,6-7). Com efeito, não excetuou alguns, nem falou de maneira genérica: *Perderás os que dizem mentiras*, expressão que poderia ser entendida como relativa a alguns e não a todos. Ao contrário, ele pronunciou uma sentença universalmente válida, dizendo: *Perderás a todos os que dizem mentiras*. Ou, talvez, por não ter dito: perderás todos aqueles que dizem todo o tipo de mentiras, ou aqueles que falam qualquer mentira, devemos considerar que tenha concedido a faculdade de dizer mentiras, isto é, existirá alguma mentira que, quando dita, Deus não a condena, mas perderá todos aqueles que dizem mentiras injustas, e não qualquer mentira, como se pudesse existir uma mentira justa que, de qualquer forma, deveria ser considerada um louvor, não um crime?

— O ERRO DOS PRISCILIANISTAS SOBRE O USO — DE MENTIRAS PARA ESCONDER-SE AOS OUTROS.

2. 2. Não percebes que esta discussão ajuda aqueles mesmos que, como uma grande caça, queremos conquistar com nossas mentiras? Com efeito, é próprio dos priscilianistas, conforme tu mesmo demonstraste, empregar testemunhos da Escritura para comprovar suas afirmações e exortam seus adeptos a mentirem também em base a presumidos exemplos dos patriarcas, dos profetas, dos apóstolos e dos Anjos; e não duvidam de acrescentar também o próprio Senhor Jesus Cristo, não encontrando outra forma de mostrar que sua falsidade é verdadeira senão dizendo que a própria Verdade é mentirosa. Essas coisas devem ser combatidas, não imitadas, e não devemos participar do mal dos priscilianistas, sobretudo naquilo que demonstram ser piores do que os outros hereges. Pois somente eles, ou, certamente, sobretudo eles, ousam fazer da mentira um dogma para esconder aquilo que julgam ser a sua verdade: pois consideram que um mal tão grande seja justo, porque dizem que se deve guardar no coração aquilo que é verdadeiro; com efeito, dizer aos outros com a boca o que é falso, não constitui pecado; e isso está escrito: *Aquele que diz a verdade em seu coração* (Sl 14,3); como se isso bastasse para a justiça, embora com a boca alguém diga uma mentira, quando aquele que ouve não é um próximo, mas um estranho. Por isso, consideram que também o Apóstolo Paulo, depois de dizer: *Renunciando à mentira, falai a verdade;* imediatamente teria acrescentado: *cada um a seu próximo, pois somos membros uns dos outros* (Ef 4,25). Em outras palavras, com aqueles que não nos estão próximos na sociedade da verdade, nem, por assim dizer, são membros nossos, é lícito e oportuno falar a mentira.

ESTA AFIRMAÇÃO DOS PRISCILIANISTAS
TORNA OS MARTÍRIOS ABSOLUTAMENTE VÃOS.

2. 3. Esta afirmação desonra os santos mártires e até torna absolutamente vãos os santos martírios. Segundo eles, os mártires teriam agido com mais justiça e sabedoria se não tivessem confessado ser cristãos diante de seus perseguidores e com sua confissão impediriam que eles se tornassem homicidas: antes, porém, mentindo e negando o que eram, os mártires teriam salvado a vida da carne e o propósito do coração e não teriam permitido realizar o crime concebido por eles no espírito. Com efeito, não eram próximos dos mártires na fé cristã, para que, em sua boca, devessem ter a verdade que falavam em seu coração; mas eram, sobretudo, inimigos da verdade. Pois se Jeú, que entre outros eles lembram como exemplo de mentir com prudência, mentiu dizendo ser servo de Baal, para matar seus servos (cf. 2Rs 10), com quanta maior razão, segundo a perversidades destes, em tempo de perseguição, os servos de Cristo mentiriam ser servos dos demônios, para que os servos dos demônios não matassem os servos de Cristo? E assim, se Jeú fez um sacrifício a Baal para matar homens, com quanta maior razão os cristãos poderão sacrificar aos ídolos para impedir que homens sejam mortos? Assim, de acordo com essa excelente doutrina dos mentirosos, que mal haveria se, fingindo esse culto do diabo no corpo, conserva-se no coração o culto de Deus? Mas, os verdadeiros mártires, os santos mártires, não entenderam assim o apóstolo. Na verdade, viram e observaram o que está escrito: *Com o coração se crê para a justiça, com a boca se confessa para a salvação* (Rm 10,10); e: *Na sua boca não se achou mentira* (Ap 14,5). E assim, afastaram-se irrepreensíveis para onde já não precisarão preocupar-se com as tentações, porque nas moradas celestes não terão mais mentirosos, nem distantes nem próximos. Certamente, eles não teriam imitado a conduta de Jeú que, com uma ímpia mentira e com um sacrifício sacrílego investigou os ímpios e os sacrílegos para matá-los, mes-

88

mo que a própria Escritura tenha deixado de dizer que tipo de homem ele era. Na verdade, já que está escrito que ele não tinha um coração reto diante de Deus (cf. 2Rs 10,29), o que lhe aproveitou receber uma recompensa transitória de um reino temporal por uma obediência de exterminar totalmente a casa de Acab, quando apenas mostrou seu desejo de dominar? Antes, para que defendas a verdadeira doutrina dos mártires, exorto-te, irmão, a seres contra os mentirosos, não doutor da mentira, mas defensor da verdade. Pois, peço-te, observa com mais diligência o que digo, para que descubras quanto se deve fugir dos ímpios, com um zelo certamente louvável, para que possam compreender, corrigir ou evitar aquilo que, todavia, julga-se imprudente ensinar.

— É MAIS PERNICIOSA A MENTIRA DOS CATÓLICOS — PARA CONVERTER OS HEREGES, DO QUE A MENTIRA DOS HEREGES FUGIR DOS CATÓLICOS.

3. 4. As espécies de mentiras são muitas e, na verdade, devemos odiá-las todas, sem distinção, pois não existe mentira que não seja contrária à verdade. Com efeito, a verdade e a mentira são contrárias entre si como a luz e as trevas, a piedade e a impiedade, a justiça e a iniquidade, o pecado e a ação correta, a vida e a morte. Por isso, quanto amamos a verdade tanto devemos odiar a mentira. Todavia, existem mentiras que, se nelas se acredita, não causam dano algum, embora também em tais tipos de mentira se queira enganar, mas são mais prejudiciais ao que mente do que ao que crê. Por exemplo, se aquele nosso irmão e servo de Deus, Fronto, tivesse dito alguma mentira nas coisas que te disse – longe de mim pensar assim –, teria causado dano a si mesmo e não a ti, embora tu acreditasses, sem maldade, em tudo o que ele te contava. Porque, quer aquelas coisas tenham acontecido assim, quer não, se acredita-se que aconteceram assim, mesmo que não tenham acontecido assim, não existe nada que seja culpado pela regra da verdade e pela doutrina da salvação eterna. Mas se alguém mentir em coisas que, ao se acreditar nelas, se cai na heresia em relação à doutrina de Cristo, tanto mais grave é a culpa daquele que mente quanto mais miserável é a condição daquele que acredita. Vê, portanto, quão grande é a culpa quando mentimos contra a doutrina de Cristo, pois perecerá aquele que acredita; assim, para convertermos os inimigos da mesma doutrina, nós os levamos para a verdade enquanto nos afastamos dela; e até, quando, mentindo, conquistamos os mentirosos, ensinamos mentiras piores. Afinal, uma coisa é o que dizem quando mentem, outra quando se enganam, pois, quando ensinam sua heresia dizem as coisas nas quais estão enganados, mas quando dizem sentir o que não sentem, ou não sentir o que sentem, dizem as coisas nas quais mentem. E se alguém acreditar neles, ainda que

não descubra seu erro, não perecerá. De fato, não se afasta da fé católica alguém que acredita ser católico um herege que, mentindo, faz profissão de dogmas católicos e, por isso, não lhe é nocivo, porque não pode julgar o que está escondido na mente do homem e não é enganado na fé de Deus que deve guardar inalterada. Ao contrário, porém, quando ensinam sua heresia, quem acredita, julgando-a verdade, torna-se participante tanto do erro quanto da condenação deles. Assim acontece que perece quem acreditar quando eles ensinam suas maldosas doutrinas, pelas quais são levados a um erro mortal; mas nós, quando pregamos os dogmas católicos, nos quais depositamos a fé correta, quem acreditar será encontrado se estava perdido. Quando, porém, por serem priscilianistas, escondem seus venenos e mentem ser dos nossos, aquele dos nossos que acreditar neles permanecerá católico, mesmo que eles estejam escondidos; nós, porém, se, para chegar a seu laço, mentirmos que somos priscilianistas, porque haveremos de louvar os seus dogmas como se fossem nossos, aquele que acredita, ou se estabelecerá entre eles, ou passará imediatamente para eles. De fato, quem poderá saber com certeza o que reserva o futuro, se depois, quando dissermos a verdade, forem libertados aqueles que antes enganamos com nossas mentiras? E quem saberá ao certo que querem ouvir aquele que ensina, quando sabem que ele mentiu? Quem ignorará que isso é incerto? Disso conclui-se que é mais pernicioso ou, para falar benevolamente, mais perigosa a mentira dita pelos católicos para convencer os hereges, do que a mentira dos hereges para escapar dos católicos. Porque, quem acredita nos católicos que mentem para convencer as pessoas, ou se torna ou se confirma como herege; ao passo que, quem acredita nos hereges que mentem para se ocultar, não deixa de ser católico. Para que isso fique mais claro, proponhamos alguns exemplos e os tomemos, sobretudo, dos escritos que me enviaste para serem lidos.

— DEMONSTRA-SE A COISA POR UM EXEMPLO. —

3. 5. Eis que colocamos diante dos olhos um esperto explorador que se aproxima de alguém que ouviu dizer que é Priscilianista e, mentindo, louva a fama do bispo Dictínio, seja porque o conheceu em vida, seja porque não o conheceu: isso é ainda mais tolerável porque se supõe que ele tenha sido católico e que se corrigiu daquele erro. Depois – continuando na arte de mentir – com reverência, recordará Prisciliano, homem ímpio e detestável e condenado por seus horríveis malefícios e crimes cometidos. Nessa sua venerável lembrança, se por acaso aquele ao qual dessa forma são estendidas as redes não fosse um Priscilianista convicto, por essa pregação seria confirmado. Mas, quando o discurso do explorador prosseguir para outras coisas, dirá ter piedade daqueles que o autor das trevas envolveu em tantas trevas de erros que os fez desconhecer a honra de sua alma e a claridade da linhagem divina. Depois fala do livro de Dictínio, cujo nome é *Libra*, porque trata de doze questões, como se fossem doze onças, e lhe tece tantos elogios que o tal *Libra*, no qual estão contidas horrendas blasfêmias, mas ele considera muito mais precioso do que muitos milhares de libras de ouro. E, assim, a astúcia daquele que mente mata a alma daquele que acredita, ou, se já estiver morta, aprofunda-a na morte e a sepulta. Mas, dirás, depois será libertada. E se isso não acontecer, quer porque apareceu outro obstáculo que impede de concluir o projeto, quer pela obstinação da mente do herege em negar, ao menos em parte, aquilo que já tinha começado a professar? Porque, se souber que foi enganado por um estranho, tentará com mais audácia ocultar o que sente recorrendo a mentiras e quando tiver certeza de que isso pode ser feito sem culpa, conforme o exemplo de seu tentador. E, então, por que culpamos o homem que, mentindo, julga proteger a verdade e ousamos condená-lo por aquilo que lhe ensinamos?

— QUERER CONVERTER OS PRISCILIANISTAS — PELA MENTIRA É SER CORROMPIDO COM ELES.

3. 6. Por isso, resta que não duvidemos de condenar com verdadeira piedade aquilo que os priscilianistas, seguindo a detestável falsidade de sua heresia, ensinam sobre Deus, sobre a alma, sobre o corpo e sobre as outras coisas; mas, quanto à sua opinião de que se pode mentir para ocultar a verdade – Deus nos livre! – aceitamos que seja um dogma comum para nós e para eles. E este é um mal tão grave que, embora a nossa tentativa de conquistá-los e convertê-los com a nossa mentira conseguisse o real sucesso de conquistá-los e mudá-los, este resultado não teria tanto valor de compensar o dano: procurando a sua correção, também nós seríamos pervertidos como eles. Porque, por essa mentira, tanto nós seríamos em parte pervertidos quanto eles seriam corrigidos pela metade, pois não corrigimos quando pensamos que se pode mentir para chegar à verdade, porque também nós aprendemos e ensinamos a mesma coisa e ordenamos que é necessário ser assim para que possamos chegar a corrigi-los. Todavia, não os corrigimos, porque não lhes arrancamos o pensamento pelo qual julgam esconder a verdade; antes, enganamo-nos a nós mesmos, já que os procuramos com o mesmo pensamento: nem encontramos motivos para crer que se tenham convertido, se, quando estavam pervertidos, nós lhes mentimos, pois, talvez, uma vez convertidos, irão fazer aquilo que sofreram para serem convertidos; não só porque estavam habituados a agir assim, mas também porque encontraram a mesma coisa em nós quando aqui chegaram.

— MENTINDO PARA UM, SIGNIFICA NÃO TER A — FÉ NOS OUTROS.

4. 7. E o que é mais lamentável é que também eles, que já eram quase dos nossos, não podem encontrar um motivo para acreditar em nós, pois suspeitam que também nós, ao expor o dogma católico, recorremos à mentira para ocultar não sei que outras coisas que consideramos verdadeiras; certamente, a alguém que suspeita isso, hás de dizer: Agora agi assim para te conquistar; mas, o que responderás ao que te disser: Como posso saber que agora não estás agindo da mesma forma para não ser conquistado por mim? Ou será que pode ser persuadido um homem que mente para convencer os outros, não minta para não ser pego? Vês até onde pode ir esse mal? Que não só torna suspeitos a nós para eles e eles para nós, mas, com razão, torna cada irmão suspeito a seu irmão. E assim, enquanto se recorre à mentira para ensinar a fé, obtém-se o contrário, que ninguém mais tem fé em ninguém. De fato, se ao mentir falamos contra Deus, que mal maior poderá ser encontrado do que uma mentira que, de todo o modo, devemos evitar como algo muito funesto.

— É MAIS TOLERÁVEL QUE UM PRISCILIANISTA — MINTA OCULTANDO SUA HERESIA, DO QUE UM CATÓLICO OCULTANDO A VERDADE.

5. 8. Agora, porém, nota que, em comparação a nós, é mais tolerável que os priscilianistas mintam, pois eles sabem que falam falsamente, do que nós que, com nossa mentira, julgamos poder libertá-los das falsidades nas quais se encontram por engano. O Priscilianista diz que a alma é parte de Deus e, portanto, da mesma natureza e substância. Esta é uma grande blasfêmia, que deve ser detestada, pois disso segue que a natureza de Deus pode ser aprisionada, enganada, iludida, perturbada, manchada, condenada e torturada. Ora, se tanto este quanto aquele diz que, por meio da mentira, deseja libertar o homem de tão grande mal, vejamos que diferença existe entre ambos os blasfemadores. Há muita, dirás: pois o Priscilianista fala assim e crê; o católico, porém, não acredita, embora fale assim. Portanto, aquele blasfema sem saber, este, porém, sabendo; aquele se volta contra a ciência, este, contra a consciência; aquele é cego porque tem ideias falsas, mas ao manifestá-las tem, ao menos, a intenção de dizer a verdade; este, no íntimo vê a verdade, mas voluntariamente fala falsidades. Mas aquele, dirás, ensina isso para tornar os homens participantes de seu erro e do seu furor; este, porém, diz isso para libertar os homens daquele erro e furor. Na verdade, acima já mostrei quanto é prejudicial acreditar que isso traga algum proveito. Mas, se refletirmos sobre esses dois males presentes – porque os bens futuros que o católico busca ao corrigir o herege são incertos – quem peca com mais gravidade, será aquele que engana o homem sem saber, ou aquele que blastema contra Deus conscientemente? Naturalmente, compreende que é pior aquele que, com sincera e operosa piedade, antepõe Deus ao homem. Além disso, se é lícito ofender a Deus para induzir a pessoa a louvá-lo, sem dúvida, com nosso exemplo e doutrina, convidamos os homens não só a louvar a Deus, mas também a ofendê-lo: pois aqueles que nos esforçamos por levar ao louvor de Deus recorrendo a blasfêmias e se, de fato, conseguimos, não só aprenderam a louvá-lo, mas também a ofendê-lo. Estes são os benefícios que fazemos àqueles que queremos libertar dos hereges usando métodos que não ignoramos, mas sabemos serem blasfemos. E já que o apóstolo exorta os homens, também o próprio satanás, a aprenderem a não blasfemar (cf. 1Tm 1,20), nós tentamos arrancar os homens de satanás para que aprendam a blasfemar não por ignorância, mas com consciência; e assim, nós, seus mestres, conseguimos este tão grande desastre que, para converter os hereges, primeiramente nos tornemos – o que é certo – blasfemadores de Deus para libertá-los – o que é incerto – e possamos ser doutores de sua verdade.

SE OS CATÓLICOS MENTIREM QUE SÃO PRISCILIANISTAS AGEM PIOR DO QUE OS PRISCILIANISTAS SE MENTIREM QUE SÃO CATÓLICOS.

5. 9. Por isso, já que ensinamos os nossos a ofender a Deus para que os priscilianistas acreditem que são dos seus, vejamos quantos males dizem quando mentem para que creiamos que eles são dos nossos. Eles excomungam Prisciliano e o detestam, como fazemos nós; dizem que a alma é criatura de Deus e não uma parte; amaldiçoam os falsos mártires dos priscilianistas; exaltam com grandes louvores os bispos católicos que desmascararam, combateram e destruíram aquela heresia, e outras coisas assim. Ora, eles dizem a verdade quando mentem, não porque algo possa ser verdade e mentira ao mesmo tempo, mas porque por um lado mentem e por outro dizem a verdade: mentem ao dizer que são dos nossos e dizem a verdade ao falar da fé católica. E, por isso, para não serem considerados priscilianistas, mentirosamente dizem a verdade; nós, porém, porque queremos conquistá-los, não só falamos mentirosamente para que acreditem que fazemos parte deles, mas também falamos falsidades que sabemos pertencer ao erro deles. Por isso, quando eles querem ser considerados dos nossos, aquilo que dizem, em parte, é falso e, em parte, é verdadeiro; de fato, é falso que eles são dos nossos, mas é verdade que a alma não é parte de Deus. Porém, quando nós queremos fazer crer que pertencemos a eles, ambas as coisas que dizemos são falsas: tanto que nós somos priscilianistas quanto que a alma é parte de Deus. Por isso, quando se escondem não blasfemam, mas louvam a Deus, e quando não se escondem, mas anunciam sua doutrina, não sabem que blasfemam. E, assim, se se converterem à fé católica, consolam-se a si mesmos porque podem dizer que o apóstolo, entre outras coisas, disse: *Primeiro fui blasfemo, mas alcancei misericórdia porque o fiz por ignorância* (1Tm 1,13). Nós, ao contrário, para que eles se abram a nós, recorremos à mentira, que cremos ser justa e, para enganá-los e conquistá-los, dizemos que fazemos parte dos blasfemadores priscilianistas e, para que creiam em nós, blasfemamos sem a desculpa da ignorância. De fato, nenhum católico que, blasfemando, quer passar por herege pode dizer: Agi por ignorância.

— QUER MENTINDO, QUER FINGINDO, NUNCA É — PERMITIDO NEGAR A CRISTO DIANTE DOS HOMENS.

6. 10. Em tais casos, irmão, sempre devemos lembrar-nos com temor: *Quem me negar diante dos homens, também eu o negarei diante de meu Pai que está nos céus* (Mt 10,33). Ou será que não há de negar a Cristo diante dos homens quem o nega diante dos priscilianistas para desmascará-los e subjugá-los por meio de uma mentira blasfema? E quem duvida, diga por favor, que Cristo é negado quando se diz que ele não é aquilo que realmente é e se diz que é aquele em quem o Priscilianista acredita?

OBJEÇÕES E RESPOSTAS.

6. 11. E dirás: Mas de outra maneira jamais podemos encontrar os lobos escondidos que, vestidos em pele de ovelhas (cf. Mt 7,15), de seus esconderijos assaltam gravemente o rebanho do Senhor. Então, como os priscilianistas se tornaram conhecidos antes de se pensar na caça a essa mentira? Como se chegou ao covil de seu fundador, certamente mais astuto e, por isso, mais escondido? Como tantos foram descobertos e condenados e inúmeros outros que, em parte, foram corrigidos ou, em parte, considerados como corrigidos e que foram misericordiosamente admitidos na Igreja? Com efeito, quando usa de misericórdia, o Senhor oferece muitos caminhos pelos quais chegar a encontrá-los: dois deles são mais favoráveis: que sejam mostrados por aqueles que quiseram seduzir, ou por aqueles que, arrependidos e convertidos, já foram seduzidos. Isso se obtém com mais facilidade se o nefasto erro não for destruído com atrações mentirosas, mas com discussões verdadeiras. Por isso, deves dedicar-te a escrever obras desse tipo, porque o Senhor te deu capacidade de fazê-lo: esses salutares escritos, pelos quais é destruída a insana perversidade deles, tornar-se-ão sempre mais conhecidos e difundidos em toda a parte, tanto entre os Católicos ou os Bispos que falam ao povo quanto entre os estudiosos que estão cheios do zelo de Deus; estas serão as santas redes que prenderão pela verdade, sem o recurso à mentira. Com efeito, assim vencidos, ou confessarão espontaneamente o que foram, e os outros, que conheceram em sua má sociedade, de bom grado os corrigem ou misericordiosamente os trazem a nós: ou, se tiverem vergonha de confessar o que fizeram por uma constante simulação, serão curados pela oculta e misericordiosa mão de Deus.

— DO MESMO MODO, REFUTAM-SE AS COISAS —
QUE PODEM SER OBJETADAS.

6. 12. Responderás: Porém, é muito mais fácil penetrar em seus esconderijos se mentirmos ser o que eles são. Se isso fosse lícito ou conveniente, Cristo poderia ter ordenado às suas ovelhas que se dirigissem aos lobos vestidos em pele de lobo e descobri-los através da arte das falácias: mas não lhe disse isso, mesmo quando predisse que haveria de enviá-los para o meio de lobos (cf. Mt 10,16). No entanto, dirás: Mas, na ocasião, não se precisava procurá-los, já que os lobos estavam muito às claras; devia-se, porém, suportar suas mordidas e crueldades. E o que dizer, quando, ao predizer os tempos posteriores, disse que haveriam de vir lobos vorazes em vestes de ovelhas? Não era, então, o momento de exortar e dizer: E vós, para encontrá-los, tomai as vestes dos lobos, mas interiormente permanecei como ovelhas? Não disse isso: antes, depois de dizer: *Muitos virão a vós com peles de ovelhas, mas por dentro são lobos vorazes,* não acrescentou: Por vossas mentiras, mas: *Por seus frutos os conhecereis* (Mt 7,15-16). As mentiras devem ser evitadas pela verdade, ser conquistadas pela verdade, ser destruídas pela verdade. Longe de nós vencer as blasfêmias proferidas inconscientemente, blasfemando conscientemente; longe de nós evitar o mal dos mentirosos, imitando-os. Afinal, como evitaremos o mal se, para evitá-lo, o fazemos? De fato, se, para descobrir aquele que blasfema inconscientemente, blasfemamos conscientemente, aquilo que fazemos é pior do que aquilo que queremos corrigir. Se, para encontrar aquele que nega a Cristo sem saber, eu o negar sabendo, aquele que assim eu encontrar, há de seguir-me na perdição. Na verdade, quando eu o procuro, estou perdido antes dele.

— NÃO BASTA CRER COM O CORAÇÃO, SE COM A — BOCA TAMBÉM SE NEGAR A CRISTO.

6. 13. Por acaso, se alguém se esforça por encontrar os priscilianistas desse modo, não nega a Cristo porque, com a boca, afirma coisas em que não acredita no coração? Como se – e, também isso, eu já disse pouco acima – quando foi dito: *Com o coração se crê para alcançar a justiça,* em vão tenha sido acrescentado: *e com a boca se professa para alcançar a salvação* (Rm 10,10). Não é verdade que quase todos os que negaram a Cristo diante dos perseguidores conservaram no coração aquilo que dele acreditavam? E, todavia, por não confessarem com a boca a sua salvação, pereceram todos, menos os que retornaram à vida pela penitência. Quem será tão insensato de pensar que, ao negar a Cristo, o apóstolo Pedro tivesse no coração aquilo que dizia com a boca? Sem dúvida, naquela negação, internamente conservava a verdade e, externamente, proferia a mentira. Portanto, por que quis lavar com as lágrimas aquilo que negara com a boca (cf. Mt 26,69-75), se, para a salvação, bastava aquilo em que acreditava no coração? Por que, falando a verdade no seu coração, puniu com um pranto tão amargo a mentira que proferiu com a boca, a não ser porque viu que era uma grande ruína que aquilo em que certamente acreditava no coração para a justiça, não o confessou com a boca para a salvação?

102

— PARA COMPREENDER O SALMO 14,3, NO QUAL — SE LOUVA QUEM FALA A VERDADE NO CORAÇÃO.

6. 14. Por isso, aquilo que está escrito: *O que fala a verdade em seu coração*, não deve ser entendido como se, enquanto se mantém a verdade no coração pode-se dizer mentiras com a boca. Mas é dito assim porque pode acontecer que alguém diga a verdade com a boca, coisa que em nada lhe aproveita se não a conservar no coração, isto é, se não crer naquilo que diz: como fazem os hereges, sobretudo os priscilianistas, pois, certamente, não creem na verdade católica e, todavia, falam para fazer crer que são dos nossos. Portanto, falam a verdade com sua boca, mas não no seu coração. Por isso, deveriam ser distinguidos daquele sobre o qual foi dito: *O que fala a verdade em seu coração*. O católico, porém, fala essa verdade no seu coração, porque assim crê; e, portanto, deve tê-la também na boca para proclamá-la: contra essa verdade, porém, não tenha falsidade, nem no coração nem na boca, para que tanto no coração creia para a justiça quanto na boca faça a profissão para a salvação. Pois também no Salmo em que se diz: *O que fala a verdade no seu coração*, imediatamente, é também acrescentado: *O que não cometeu engano com sua língua* (Sl 14,3).

— IGUALMENTE, O APÓSTOLO AO ORDENAR QUE — FALEMOS A VERDADE COM O PRÓXIMO.

6. 15. E aquilo que diz o Apóstolo: *Renunciando à mentira, fale cada um a verdade a seu próximo, pois somos membros uns dos outros* (Ef 4,25); que jamais entendamos isso como se fosse permitido falar a mentira com aqueles que, conosco, ainda não são membros do corpo de Cristo. Mas, é dito dessa forma porque cada um dos nossos deve considerar o outro que deseja se tornar, embora ainda não se tenha tornado, possa vir a ser membro de Cristo: assim como Cristo mostrou um estrangeiro samaritano como próximo daquele com o qual usou de misericórdia (cf. Lc 10,30-37). Portanto, deve ser considerado próximo, não estrangeiro, aquele com o qual agimos para que não nos permaneça um estrangeiro; e se, pelo fato de ainda não participar da nossa fé e dos nossos sacramentos e lhe mantemos desconhecidas certas verdades, todavia, não devem ser-lhes ditas falsidades.

SÃO TOLERADOS OS QUE NÃO PREGAM A VERDADE COM A VERDADE, NÃO OS QUE ANUNCIAM A FALSIDADE.

6. 16. Ora, também nos tempos dos apóstolos existiram alguns que não pregaram a verdade com a verdade: desses, o Apóstolo diz que não anunciaram Cristo com espírito casto, mas por inveja e por emulação. Por isso, também agora são tolerados alguns que não anunciam a verdade com espírito casto: todavia, de modo algum foram louvados aqueles que pregaram a falsidade com espírito reto. Finalmente, deles diz: *Que Cristo seja anunciado, seja por pretexto, seja por verdade* (Fl 1,15-18); mas, de modo algum teria dito: Que Cristo seja primeiramente negado, para depois ser anunciado.

6. 17. Pelo que existem muitas maneiras de descobrir os hereges escondidos, mesmo sem criticar a fé católica ou louvar a impiedade dos hereges.

— NÃO SE DEVE ADMITIR A MENTIRA, MESMO —
QUE SEJA DITA COM ALGUMA BOA INTENÇÃO.

7. 17. Mas se, de outra forma, a herética impiedade não puder, absolutamente, ser arrancada de suas cavernas a não ser desviando a língua católica da verdade, seria mais tolerável que a impiedade permanecesse oculta do que a verdade ser lançada em um precipício; seria mais tolerável que as raposas ficassem escondidas nas suas tocas, do que, para prendê-las, os caçadores caíssem no fosso da blasfêmia; seria mais tolerável que a perfídia dos priscilianistas permanecesse encoberta pelo véu da verdade, do que a fé dos Católicos fosse negada pelos fiéis Católicos para não ser louvada pelos priscilianistas mentirosos. Pois se as mentiras são justas, não qualquer mentira, mas as mentiras blasfemas, porque são feitas para se descobrirem os hereges ocultos; desse modo, se feitas com o mesmo espírito, poderiam ser castos também os adultérios. Com efeito, o que dizer se uma das numerosas mulheres impudicas dos priscilianistas lançar os olhos sobre um José católico e lhe prometer que haverá de revelar-lhe os esconderijos deles se lhe pedir um estupro, e estando certa de que, obtido o consenso dele, ela cumpriria o que havia prometido? Julgaremos que isso deva ser feito? Ou devemos entender que, de forma alguma, deve-se pagar tal preço por tão pequena recompensa? Por que, então, não nos permitimos encontrar os hereges e prendê-los oferecendo a carne em adultério, crendo-nos autorizados a fazê-lo pelo consentimento com a boca de prostituir-nos pela blasfêmia? De fato, ou devemos defender igualmente as duas coisas para poder dizer que elas não são injustas porque foram feitas com a intenção de deter os injustos. Ou se a sã doutrina não quer que nos misturemos com mulheres impudicas no corpo, não na mente, nem para encontrar os hereges e, também, não quer que para encontrar os hereges preguemos uma heresia impura, não apenas de coração, mas também com a boca, ou blasfememos a casta religião católica. Porque a própria decisão da mente, à qual deve servir todo o movimento inferior do homem, não fugirá a um digno opróbrio quando fizer o que não é conveniente que se faça, quer com um membro, quer com uma palavra. Embora, quando se faz com a palavra, faz-se, também, com um membro, porque a língua é o membro pelo qual se faz a palavra e nenhum de nossos membros realiza qualquer ato se antes não tiver sido concebido no coração; ou antes, pensando internamente e consentindo naquilo que já concebido, é realizado exteriormente por um membro. Por isso, o espírito não é absolvido do ato quando se diz que algo não é feito pelo espírito, o que, todavia, não seria feito se o espírito não decidisse fazê-lo.

CONFORME A FINALIDADE, ALGUNS ATOS TORNAM-SE BONS OU MAUS, OUTROS SÃO UM PECADO POR SI MESMO: ESTES NÃO DEVEM SER FEITOS NEM POR QUALQUER FINALIDADE BOA.

7. 18. Certamente, interessa muito saber a causa, a finalidade e a intenção com que se faz alguma coisa: mas, as coisas das quais se sabe que são pecados, não devem ser feitas: nem para obter uma causa boa, por nenhuma boa finalidade, nem por uma intenção aparentemente boa.

Na verdade, as obras dos homens, que não são pecados por si mesmas, ora são boas, ora são más, conforme tiverem causas boas ou más: assim, por exemplo, dar alimento aos pobres é uma obra boa se, com reta intenção, for realizada por misericórdia; também o relacionamento conjugal é bom se realizado para gerar filhos e com a intenção de regenerá-los pelo Batismo. Essas ações e muitas outras semelhantes são boas ou más segundo suas causas: porque se as mesmas obras tiverem causas más, mudam para pecado: por exemplo, se o pobre for alimentado por vanglória, ou se o homem se une à mulher para satisfazer a concupiscência; ou quando se geram filhos não para servirem a Deus, mas ao diabo. Porém, quando se trata de obras que por si mesmas são um pecado, como os furtos, os estupros, as blasfêmias, ou outras coisas semelhantes: Quem diz que podem ser feitas por causas boas, ou que não sejam pecados, ou, o que é absurdo, que sejam pecados justificados? Quem poderá dizer: Para termos o que dar aos pobres, roubemos as coisas dos ricos? Ou, demos falsos testemunhos, sobretudo, se daí não se lesam os inocentes, antes se livram os culpados dos juízes que irão condená-los? De fato, por esse comércio de mentiras são alcançados dois bens: consegue-se dinheiro para sustentar o indigente e engana-se o juiz para que não puna o homem. E ainda, se pudermos, por que não fazemos desaparecer os testamentos verdadeiros e os substituímos por falsos, para que as heranças ou legados não caiam em mãos de indignos, que nada de bom fariam com eles; antes, sejam obtidos por aqueles que alimentam os famintos, vestem os nus, acolhem os peregrinos, libertam os prisioneiros, constroem igrejas? De fato, por que não fazem aqueles males para que venham esses bens, se, por causa desses bens, também aqueles não são males? Além disso, se algumas mulheres indecentes estiverem prontas até a pagar seus amantes e estupradores, por que um homem misericordioso não deveria aceitar essas partes e artes com as quais serve a uma causa tão boa para ter o que dar aos indigentes? E não ouça o Apóstolo que diz: *Aquele que furtava, não furte mais, antes ocupe-se, trabalhando com suas mãos em qualquer coisa honesta, a fim de ter o que dar ao que está em necessidade* (Ef 4,28). Ora, se não só o próprio roubo, mas também o falso testemunho, o adultério e toda a ação má não for um mal, mas um bem, pois se faz com a intenção de ter com que fazer o bem, quem poderá dizer isso senão aquele que se propõe subverter as coisas, toda a moralidade e as leis humanas? De fato, qual é o delito mais criminoso, a ignomínia mais torpe, o sacrilégio mais ímpio do qual não se diga que pode ser feito correta e justamente? E se faz não só impunemente, mas também com glória e, ao perpetrá-lo, não só não se temem suplícios, mas, também, esperam-se prêmios se, uma vez apenas, concordarmos que em todas as ações dos homens não devemos procurar saber o que é feito, mas a intenção pela qual é feito. E, então, qualquer coisa que se vê ter sido feita por causas boas não pode ser julgada má? E se, merecidamente, a justiça pune o ladrão, também aquele que disser e demonstrar que tomou as coisas supérfluas do rico para oferecer o necessário ao pobre; se, merecidamente, pune o falsário, também aquele que disser ter corrompido o testamento alheio para que se tornasse herdeiro não aquele que não teria dado esmola alguma, mas aquele que daria esmolas generosas; se, merecidamente, pune o adúltero, também aquele que demonstrar ter cometido adultério por misericórdia, pois por aquela com a qual o cometeu, teria libertado o homem da morte; finalmente, para aproximar-nos do problema que realmente nos propomos, se, merecidamente, pune aquele que, consciente de sua torpeza, uniu-se em relação conjugal adulterina com alguma mulher dos priscilianistas para chegar aos esconderijos deles: peço-te, já que o Apóstolo diz: *Não entregueis ao pecado os vossos membros como armas de iniquidade* (Rm 6,13), por isso, não devemos entregar nem as mãos, nem os genitais do corpo, nem outros membros aos crimes para podermos encontrar os priscilianistas; afinal, que mal nos faz a língua, toda a nossa boca, o órgão da voz para apresentá-los como armas ao pecado e a tanto pecado como é blasfemar, sem a escusa da ignorância, contra o nosso Deus, para tirarmos os priscilianistas presos pelas blasfêmias da ignorância.

— PELA INTENÇÃO, UMA COISA É PECADO MAIS — LEVE DO QUE OUTRA; TODAVIA, NÃO SE DEVE FAZER O MAIS LEVE, PORQUE, MUITAS VEZES, SENDO DE OUTRO GÊNERO, O PECADO É MAIS GRAVE.

8. 19. Alguém dirá: Portanto, deve-se comparar um ladrão qualquer àquele que rouba com a intenção de fazer obras de misericórdia? Quem diria isso? Mas, desses dois, um não seria bom porque o outro é pior. Realmente, é pior aquele que rouba por ganância do que aquele que rouba por misericórdia: porém, se todo o furto é pecado, devemos abster-nos de todo o furto. De fato, quem diria que se pode pecar, embora, um seja pecado condenável, o outro, pecado venial? Agora, queremos saber se alguém fez isso ou aquilo, quem não pecou ou quem pecou; não quem pecou mais grave ou mais levemente. Pois, na verdade, pela lei, os próprios furtos são punidos mais levemente do que os estupros: mesmo que ambos sejam pecados, embora um mais leve, o outro mais grave. Desse modo, considera-se mais leve o furto cometido pela ganância do que o estupro cometido para socorrer. Certamente, no seu gênero, esses pecados tornam-se mais leves do que os outros do mesmo gênero, que parece terem sido cometidos com boa intenção; todavia, quando comparados com pecados de outro gênero parecem ser mais graves do que os mais leves. Com efeito, é mais grave roubar por ganância do que por misericórdia; da mesma forma, é mais grave cometer estupro por luxúria do que por misericórdia: e, todavia, é mais grave cometer adultério por misericórdia do que roubar por avareza. Agora, porém, não se trata de saber o que é mais leve ou mais grave, mas que coisas são pecados ou quais não o são. Realmente, ninguém deveria dizer que é lícito pecar quando consta que algo é pecado: mas dizemos que se deve perdoar ou não se deve perdoar quando isso ou aquilo for pecado.

— OS PECADOS COMPENSATIVOS NEM DEVEM SER — ADMITIDOS. O FATO DE LOT, QUE OFERECEU SUAS FILHAS AOS ESTUPRADORES SODOMITAS.

9. 20. Na verdade, deve-se reconhecer que alguns pecados compensativos perturbam os espíritos humanos de tal forma que também, julga-se, devem ser louvados, ou antes, que sejam chamados de ações bem-feitas. Pois, quem duvidará que é um grande pecado se um pai prostitui suas filhas com fornicadores dos ímpios? E, todavia, existiu uma causa pela qual esse homem justo pensou que devia comportar-se assim quando os Sodomitas, movidos por um impulso criminoso, lançavam-se sobre seus hóspedes. Ele disse: *Tenho duas filhas que ainda são virgens; eu as trarei a vós e abusai delas como vos agradar, contanto que não façais mal algum a esses homens, porque se acolheram à sombra do meu teto* (Gn 19,8). Que diremos disso? Não nos horroriza aquele crime que os Sodomitas pretendiam fazer contra os hóspedes daquele homem justo que, qualquer coisa que ele fizesse para evitar que isso acontecesse, nós julgaríamos que deveria ser feito? Impressiona, sobretudo, a pessoa que realizava tal ação: pois, por mérito de sua justiça, Lot tenha sido salvo Sodoma da destruição. Pois, assim como é um mal menor o estupro cometido contra uma mulher do que o estupro cometido contra um homem, poder-se-ia dizer que fazia parte da justiça daquele homem justo também escolher que se abusasse de suas filhas e não dos seus hóspedes. E não quis isso apenas com o espírito, mas também o ofereceu pela palavra e, se eles tivessem aceitado, teria cumprido pela ação. Mas se abrirmos esse caminho aos pecados, de podermos cometer os menores para que os outros não cometam os maiores, com um limite tão amplo, ou até sem limite, mas tirados e removidos todos os limites, todos os pecados entrarão e reinarão pelo espaço infinito. Mas, quando for definido que um homem deve pecar menos, para que o outro não peque mais, na verdade, com nossos furtos serão evitados os estupros dos outros e com os estupros, os incestos; e se houver uma impiedade que nos pareça pior do que os incestos, diríamos que também os incestos devem ser cometidos se, dessa forma, pudermos conseguir que aquela impiedade não seja cometida por outros: e, em cada um dos tipos de pecados, crer-se-á lícito trocar furtos por furtos, incestos por incestos, sacrilégios por sacrilégios, os nossos pecados pelos pecados dos outros, não só os menores pelos maiores, mas também, para chegar ao extremo e ao mais grave, pecados em menor número por pecados em maior número; e se o rumo das coisas andar assim que, de outra forma, os outros não se abstenham dos pecados, a não ser que pequemos menos, embora sempre pequemos; assim, estaríamos absolutamente nas mãos do inimigo que teria o poder de dizer: Se tu não fores um criminoso, eu serei mais criminoso, ou, se tu não cometeres esse crime, eu vou cometer muitos outros. E, assim, parece-nos lícito cometer o crime se quisermos que o outro se abstenha do crime. Pensar dessa maneira, o que seria senão delirar, ou antes, enlouquecer? Na verdade, devo evitar a condenação que vem da minha culpa, não da culpa do outro, quer o mal seja perpetrado em mim, quer nos outros. Afinal, está escrito: *A alma que percar, essa morrerá* (Ez 18,4).

— PERTURBADOS PELO TEMOR, NÃO DEVEMOS — IMITAR O EXEMPLO DE LOT, NEM O EXEMPLO DE DAVI, QUE JURA DIANTE DA IRA.

9. 21. Portanto, se é certo que não devemos pecar para que os outros não pequem contra nós nem contra os outros, devemos refletir sobre o que fez Lot, para saber se é um exemplo a ser imitado, ou antes, que devemos evitar. Contudo, parece que se deva considerar e notar mais o horrendo mal que, pela ignominiosíssima impiedade dos Sodomitas, caía sobre seus hóspedes, que Lot queria impedir, mas não conseguia; assim também o espírito daquele justo pôde ficar perturbado a ponto de querer fazer uma obra que, seguindo a nebulosa tempestade do medo humano e não a tranquila serenidade da lei divina que, se fosse consultada por nós, teria gritado que não se devia fazer; antes, ter-nos-ia ordenado que assim nos abstivéssemos de qualquer pecado nosso para que, de modo algum, não pecássemos por temor dos pecados que os outros poderiam cometer. Na verdade, temendo os pecados dos outros, que não podem manchar a não ser que neles se consinta, aquele homem justo não prestou atenção ao seu pecado, pelo qual quis entregar suas filhas às paixões dos ímpios. Quando nas Escrituras santas lemos tais coisas, não devemos crer que devamos fazê-las porque cremos que foram feitas, para não violarmos os preceitos quando servilmente imitamos os exemplos. Ou será que pelo fato de Davi ter jurado que iria matar Nabal, mas, em consideração à clemência, não o fez (cf. 1Sm 25,23-35), diremos, por isso, que ele deve ser imitado, para que, temerariamente, juremos fazer aquilo que depois veremos que não se deve fazer? Mas como o medo perturbou aquele que queria prostituir as filhas, assim a ira perturbou a Davi a jurar temerariamente. Finalmente, se nos fosse possível pedir a ambos que dissessem por que fizeram essas coisas, o primeiro responderia: *O temor e o tremor vieram sobre mim e as trevas me envolveram* (Sl 54,6); o segundo também poderia dizer:

Os meus olhos se turvaram por causa da ira (Sl 6,8). Por isso, não devemos maravilhar-nos se o primeiro, envolto nas trevas do medo, e o segundo, tendo o olho turvado, não viram o que deveria ser visto para não fazerem o que não se deveria fazer.

O QUE DAVI OU O PRÓPRIO LOT DEVERIAM FAZER. NEM TODAS AS COISAS FEITAS PELOS SANTOS DEVEM TRANSFORMAR-SE EM COSTUMES.

9. 22. E, na verdade, ao santo Davi, com mais justiça, poderia ser dito que não deveria irar-se, embora o ingrato lhe tenha retribuído o bem com o mal; mas, mesmo que a ira surpreendesse o homem, certamente, não deveria prevalecer tanto de jurar que iria fazer aquilo que, se o fizesse, cometeria uma violência, ou, se não o fizesse, cometeria um perjúrio. Mas, àquele que se viu posto entre as libidinosas insânias dos Sodomitas, quem ousaria dizer: Mesmo se teus hóspedes que, por um violentíssimo sentimento de humanidade, fizeste entrar em tua casa fossem obrigados e oprimidos a suportar infâmias que só as mulheres sofrem, nada temas, nada te preocupe, não te espantes, não te horrorizes, não temas? Quem, mesmo companheiro desses criminosos, ousaria dizer tais coisas a um piedoso hospedeiro? Antes, com absoluta correção, diria: Faze o que puderes para não acontecer precisamente aquilo que temes: mas este temor não te force a fazer aquilo que tuas filhas não querem que lhes seja feito e faça que também tu sejas autor da maldade com os Sodomitas; mas, se não quiserem, sofram mediante os Sodomitas a violência que lhes fazes. Não cometas teu grande crime, por mais que te horrorize o crime alheio, pois, por maior que seja a diferença entre o teu crime e o alheio, este será teu, o outro é dos outros. A não ser, talvez, que para a defesa desse homem, alguém seja pressionado por essas angústias e diga: Já que é preferível sofrer do que cometer uma injúria, e aqueles hóspedes não iriam cometer uma injúria, mas a sofreriam, o homem justo preferiu que suas filhas, e não seus hóspedes, sofressem a injúria, porque, por direito, ele era senhor das filhas, e sabia que elas não pecariam se fizesse isso, porque, sem pecar pessoalmente, antes sofreriam um pecado ao qual não consentiram. Afinal, não foram elas que ofereceram para ser estuprado a favor daqueles hóspedes o corpo feminino em lugar do masculino, para não as tornar culpadas da coragem da concupiscência alheia, mas do consentimento de sua vontade. Nem o pai delas permitia que fosse feito isso com ele, já que tentavam fazê-lo com os hóspedes que ele não abandonava; embora, um mal cometido a uma pessoa seja menor do que um mal cometido a duas: mas resistia quanto podia para que ele próprio não se manchasse com o consentimento, ainda que o furor libidinoso prevalecesse sobre as forças do corpo; todavia, não consentindo, ele não mancharia o do outro. Mas, nem ele pecava nas filhas que não pecaram, porque não as obrigou a pecar contra a vontade, mas levava a tolerar os que pecavam: como se oferecesse aos ímprobos os seus servos para serem mortos para que seus hóspedes não sofressem a injúria da morte. Não vou discutir sobre esse assunto, porque seria longo saber se o senhor usa corretamente seu direito de propriedade sobre seu servo se pode entregá-lo à morte, mesmo que seja inocente, para que seu amigo, também ele inocente, não seja maltratado em sua casa por violentos malfeitores. Porém, certamente, de modo algum, pode-se dizer que Davi, corretamente, deveria jurar que iria fazer aquilo que depois decidiria que não iria fazer. Donde se conclui que nem tudo aquilo que lemos ter sido feito por santos e justos homens, nós podemos transformar em costumes; mas daí também podemos aprender quão longe e até onde pode chegar aquilo que diz o Apóstolo: *Irmãos, se algum homem for surpreendido em algum delito, vós, que sois espirituais, admoestai-o com espírito de mansidão, refletindo cada um sobre si mesmo, para não cair também em tentação* (Gl 6,1). Com efeito, essas são preocupações nas quais se comete um erro, quer não vendo o que na hora se deve fazer, quer vendo, e se deixar vencer, isto é, quando se comete um pecado porque a verdade não aparece ou porque se é forçado pela fraqueza.

— EXEMPLOS BUSCADOS NAS ESCRITURAS PARA —
JULGAR A MENTIRA. UMA COISA É OCULTAR
A VERDADE, OUTRA É PROFERIR MENTIRAS.
DEFENDE-SE A MENTIRA DE ABRAÃO E DE ISAAC.

10. 23. Porém, de todos os nossos atos, os que mais perturbam, também os homens bons, são os pecados compensativos, de modo que nem são considerados pecados se tiverem tais causas pelas quais são cometidos que mais parece que se peca se não forem cometidos. E isso, na opinião dos homens, prevaleceu especialmente em relação às mentiras, que já não se consideravam pecados e até acreditava-se que eram ações corretas, quando alguém mentisse para que o enganado obtivesse algum benefício, ou para não prejudicar os outros aquele que parece intencionado a prejudicar, a não ser que se evite por mentiras. Para defender esse tipo de mentiras, crê-se poder recorrer a muitos exemplos das santas Escrituras. Porém, ocultar a verdade não é a mesma coisa que proferir uma mentira. Pois, embora todo aquele que mente quer esconder o que é verdade, todavia, nem todo aquele que quer esconder a verdade, mente. De fato, muitas vezes não ocultamos a verdade mentindo, mas calando. Por isso, também, não mentiu o Senhor quando disse: *Tenho ainda muitas coisas a dizer-vos, mas vós não as podeis compreender agora* (Jo 16,12). Calou a verdade àqueles que julgou menos preparados para ouvir coisas verdadeiras, mas não falou nenhuma falsidade. Se ele não lhes tivesse dito isso, isto é, que eles não eram capazes de compreender aquilo que ele não lhes quis dizer, sem dúvida, teria ocultado parte da verdade, mas, talvez, nós não poderíamos saber que isso se pode fazer de forma correta, ou, ao menos, não poderíamos apoiar-nos nesse exemplo. Por isso, quem afirma que às vezes pode-se mentir, não menciona que Abraão fez isso com Sara, quando disse ser sua irmã. Pois não disse: Não é minha mulher; mas disse: É minha irmã; afinal, era tão próxima no parentesco que, sem mentir, poderia ser chamada de irmã. Isso se confirmou quando ela lhe foi restituída por aquele que a levara e, respondendo-lhe, disse: *Verdadeiramente, ela é minha irmã, filha de meu pai, mas não de minha mãe* (Gn 20,2.12), isto é, pelo lado paterno, não pelo lado materno. Portanto, calou alguma coisa verdadeira, mas não disse nada de falso quando calou que era mulher e disse que era irmã. Isso foi feito também por seu filho Isaac, pois sabemos que também ele escolheu uma parente por esposa (cf. Gn 26,7; 24). Portanto, não é mentira quando, ao calar, esconde-se a verdade, mas quando, ao falar, profere-se o que é falso.

— O ATO DE JACÓ NÃO É MENTIRA. TROPOS NÃO — SÃO MENTIRAS. POR ISSO, HÁ METÁFORAS, ANTÍFRASES E TROPOS NAS ESCRITURAS.

10. 24. Porém, o que fez Jacó que, instigado pela mãe, parece ter enganado o pai, se for considerado diligente e fielmente, não é mentira, mas mistério. Pois, se dissermos que isso é mentira, então, todas as parábolas e as figuras que se usam para significar qualquer outra coisa, que não são entendidas em sentido próprio, mas, naquelas coisas deve-se entender outras coisas, dever-se-ia chamá-las de mentiras; mas isso, simplesmente, não pode acontecer, pois, quem pensa assim, tende a lançar uma calúnia sobre todas as figuras de linguagem e muitas locuções; de maneira que, também, as metáforas, isto é, a transposição do sentido de uma palavra para outro que não lhe é próprio, poderiam, com razão, chamar-se de mentira. Ora, quando dizemos que as messes ondeiam, que as videiras lançam gemas, que a juventude é florida, que os cabelos do velho são de neve, sem dúvida, porque não encontramos ondas, gemas, flores, neve nas coisas para as quais transferimos essas palavras, nem por isso devemos considerá-las mentira. E se dizemos que Cristo é pedra (cf. 1Cor 36,26), ou ainda que Cristo é um leão (cf. Ap 5,5) e que também o diabo é leão (cf. 1Pd 5,8) e inúmeras coisas semelhantes, dever-se-á dizer que é mentira? E o que dizer dessa locução trópica, que chega até a chamar-se antífrase, quando se diz que é abundante o que não existe, diz-se ser doce o que é amargo, chamar de bosque luminoso aquele que não brilha e de indulgente quem não perdoa? Daí, aquilo que está nas santas Escrituras: *Vejamos se não há de abençoar-te na face* Jó 2,5), que o diabo disse ao Senhor a respeito de Jó e se deve entender: Se não te amaldiçoar. A mesma palavra foi usada pelos caluniadores para apresentar o falso delito de Nabot. De fato, disseram que ele havia abençoado o rei (cf. 1Rs 21,13), isto é, que o havia amaldiçoado. Todas essas maneiras de falar serão julgadas mentiras se a locução e a ação figurada forem consideradas

120

mentira. Porém, se não é mentira quando, para a compreensão da verdade, uma coisa se refere à substância da outra, de fato, não só o que Jacó fez ou disse ao pai para ser abençoado (cf. Gn 27,19), mas também, nem o que José falou aos irmãos como que para enganá-los (cf. Gn 42,9), nem Davi quando simulou estar louco (cf. 1Sm 21,13), nem outras coisas semelhantes devem ser consideradas mentiras, mas locuções e ações proféticas que devem referir-se para compreender a verdade e, pelo fato de estarem ocultas sob os véus simbólicos, devem piedosamente excitar o espírito do investigador, para não perderem o valor ao serem apresentadas nuas e prontas. Pois, embora em outros lugares aprendamos as coisas aberta e claramente, quando elas forem tiradas de seus esconderijos, é como se, em nossa consciência, se renovassem e, renovadas, se adoçassem. E pelo fato de serem coisas obscuras, não impede que os que aprendem as revelem, mas são mais recomendadas para que, quase ocultas, sejam desejadas com mais ardor e, desejadas, sejam encontradas com mais prazer. Todavia, essas palavras dizem coisas verdadeiras, não falsas, porque significam coisas verdadeiras, não falsas, seja pela palavra, seja pela ação e, na verdade, dizem aquilo que significam. Porém, são consideradas mentiras porque não se entendem as coisas que significam, ou o que dizem, mas, crê-se que são falsas as coisas que são ditas. Para que, pelos exemplos, isso fique mais claro, presta atenção ao que fez o próprio Jacó. Certamente, cobriu os membros com peles de cabrito e, se buscarmos a causa próxima, julgaremos que mentiu; de fato, fez isso para que pensassem ser quem ele não era: mas se referirmos o fato ao significado real pelo qual foi realizada a ação, veremos que as peles de cabrito são o símbolo dos pecados e a pessoa que se cobre com elas é símbolo de quem não tomou sobre si os próprios pecados, mas os pecados dos outros. Portanto, de modo algum pode-se realmente dizer que o verdadeiro significado seja mentira. E o que se diz da ação, deve-se dizer também das palavras, pois quando o pai lhe diz: *Quem és tu, meu filho?* Ele respondeu: *Eu sou Esaú, teu primogênito* (Gn 27,16-19). Se isso se refere àqueles dois gêmeos, parece uma mentira, mas se estas ações e palavras forem entendidas no significado pelo qual foram escritas, aqui, isso deve ser entendido no seu corpo, que é sua Igreja que, ao falar dessas coisas, diz: *Quando virdes Abraão,*

Isaac, Jacó e todos os profetas no reino de Deus, mas vós serdes expulsos para fora. Virão muitos do oriente, do ocidente, do norte, do sul e se sentarão à mesa no reino de Deus. Então, os que são últimos serão os primeiros e os que são os primeiros serão os últimos (Lc 13,28-30). De fato, assim, de certo modo, o irmão menor tirou a primogenitura do irmão maior e a transferiu para si. Por isso, sendo coisas tão verdadeiras e com significado tão veraz, o que se deve julgar que aqui tenha sido feito de maneira mentirosa? Realmente, as coisas que são significadas, nem por isso estão sem a verdade, mas são ou passadas, ou presentes, ou futuras; seu significado, sem dúvida, é verdadeiro, não há mentira alguma. Mas, neste significado profético, seria longo demais analisar todas as coisas relacionadas, nas quais a verdade tem a palma, porque, assim como foram preanunciadas para significar, da mesma forma brilharam para se cumprir.

O TRÍPLICE MODO DE DEBATER CONTRA AQUELES QUE QUEREM USAR AS DIVINAS ESCRITURAS COMO JUSTIFICATIVAS PARA SUAS MENTIRAS.

11. 25. Com esse discurso não me propus aquilo que pertence mais a ti, que revelaste os esconderijos dos priscilianistas no que se refere a seus dogmas falsos e perversos, para não parecer que são investigados, como se devessem ser ensinados e não refutados. Portanto, faze antes que fiquem vencidas por terra as coisas que, reveladas, fizeste aparecer, para não acontecer que, enquanto queremos chegar à investigação dos homens mentirosos, deixemos que suas falsidades continuem como insuperáveis; pois, é melhor destruir as falsidades que se escondem nos corações, do que, poupando as falsidades, encontremos os mentirosos. Além disso, entre seus dogmas que devem ser destruídos, está também aquele pelo qual afirmam que, para ocultar a religião, os religiosos devem mentir, e isso, não somente em relação às outras coisas que não se referem à doutrina da religião, mas deve-se mentir, também, sobre a própria religião para que não fique exposta a estranhos; por exemplo, pode-se negar a Cristo para que o cristão possa ficar escondido entre seus inimigos. Peço-te, pois, que destruas, também, esse dogma ímpio e infame, porque, para construir, os argumentantes recolhem testemunhos da Escrituras, pelos quais parece que as mentiras não só devem ser perdoadas e toleradas, mas também honradas. Portanto, ao refutar essa detestável seita, compete a ti mostrar que esses testemunhos das Escrituras devem ser interpretados de tal forma que, ou ensinas não existiram as mentiras que julgam existir, se as Escrituras forem entendidas do modo pelo qual são entendidas; ou que não devem ser imitadas as coisas que claramente são mentiras; ou, certamente, em um caso extremo, ao menos nas coisas que se referem à doutrina da religião, simplesmente não se deve mentir. Assim, então, certamente os hereges são radicalmente destruídos quando se destrói seu esconderijo: por isso mesmo, são julgados menos aptos a serem seguidos e são evitados com mais cuidado, porque, para ocultar sua heresia, confessam ser mentirosos. O que neles deve ser combatido em primeiro lugar é esta como que sua idônea fortaleza que deve ser ferida e derrubada com golpes da verdade. Nem se deve fornecer-lhes outro esconderijo, onde se refugiarem, se antes não o tinham: para que, se, por acaso, forem descobertos por aqueles que procuravam seduzir, e não puderam, digam: Quisemos tentá-los, porque alguns prudentes católicos nos ensinaram que assim se devia fazer para encontrar os hereges. Mas, agora, é conveniente dizer-te, de maneira mais explícita, porque este me parece o tríplice modo de debater contra aqueles que querem usar as divinas Escrituras como justificativa para suas mentiras: primeiramente, mostremos que algumas coisas que se consideram mentiras, realmente não o são, se forem corretamente entendidas; depois, se ali houve alguma manifesta mentira, não deve ser imitada; em terceiro lugar, contra todas as opiniões de todos aos quais parece que, às vezes, por ofício do homem bom, é consentido que se minta, todavia, mantenha-se firme que, em matéria de doutrina da religião, de modo algum deve-se mentir. Recomendei-te essas três regras pouco antes e, de algum modo, as impus.

ALGUNS EXEMPLOS DE VERDADEIRAS MENTIRAS DAS VELHAS ESCRITURAS, DO NOVO TESTAMENTO, PORÉM, NADA SE MOSTRA.

12. 26. Portanto, para demostrar que algumas coisas que são consideradas mentiras nas Escrituras, não são o que delas se pensa, se forem corretamente compreendidas, não te pareça que contra eles seja de pouco valor aquilo que, como exemplos de mentira, não se encontra nos escritos apostólicos, mas nos proféticos. Na verdade, todas as coisas liberalmente nomeadas que naqueles livros se leem e parece que alguém mentiu, foram escritas de modo figurado, não só os ditos, mas também os fatos, porque também aconteceram de modo figurado. Nas figuras, porém, o que parece ser dito como mentira, se bem entendido, vê-se que é verdade. Mas os apóstolos falaram de uma maneira em suas epístolas, de outra maneira foram escritos os Atos dos Apóstolos, e isso para revelar no Novo Testamento o que se escondia nas figuras proféticas. Finalmente, em tantas epístolas apostólicas e no próprio grande livro em que seus atos são narrados com verdade canônica, não se encontra ninguém que minta, de modo que se possa propor como exemplo que permite a mentira. Pois, com razão, foi repreendida e corrigida aquela simulação de Pedro e Barnabé pela qual obrigavam os pagãos a se comportarem como os judeus, para não prejudicar os contemporâneos, nem aos pósteros servisse de exemplo a ser imitado. Ora, vendo que não agiam corretamente segundo a verdade do Evangelho, diante de todos, o Apóstolo Paulo disse a Pedro: *Se tu, sendo judeu, vives como gentio e não como judeu, por que obrigas os gentios a agirem como judeus?* (Gl 2,13-14). E o que ele fez, isto é, manteve algumas legítimas observâncias judaicas para não se mostrar inimigo da Lei e dos Profetas, de modo algum devemos pensar que o tenha feito de maneira mentirosa. Realmente, sobre esse assunto, sua opinião é bastante conhecida, pois, por meio dela fora estabelecido que aos judeus que, então, acreditavam em Cristo não se proibissem as tradições dos pais, nem a elas fossem obrigados os gentios que se tornassem cristãos: para não fugirem dos sacramentos, que foram divinamente prescritos, como se fossem sacrilégios, nem pensariam que eram tão necessários, uma vez revelado o Novo Testamento, que sem elas não poderiam salvar-se os que se convertessem a Deus. Ora, havia aqueles que julgavam e pregavam isso, embora já tivessem recebido o Evangelho de Cristo, e Pedro e Barnabé, simuladamente, haviam consentido nisso; por isso, obrigavam os gentios a agirem como judeus. Pois, obrigar era pregar que as observâncias judaicas eram tão necessárias que, após acolher o Evangelho, sem elas não haveria salvação em Cristo. Este era o erro que alguns defendiam, este, o temor que Pedro simulava, esta, a liberdade que Paulo mostrava. Portanto, quando disse: *Fiz-me tudo para todos, para salvar a todos* (1Cor 9,20), fez isso por compaixão, não por mentira. De fato, alguém se torna como aquele a quem quer socorrer quando socorre com tanta misericórdia como gostaria que fosse socorrido se, também ele, estivesse na mesma miséria. Por isso, faz como ele, não porque se quer enganar, mas porque imagina a si como ele. A isso referem-se as palavras do Apóstolo já acima recordadas: *Irmãos, se algum homem foi surpreendido em algum delito, vós, que sois espirituais, admoestai-o com espírito de mansidão, refletindo cada um sobre si mesmo, para não cair também em tentação* (Gl 6,1). Mas, se porque disse: *Fiz--me judeu com os judeus, com os que estavam sob a Lei como se estivesse sob a Lei* (1Cor 9,20-21), nem por isso deve-se crer que ele aceitou de forma mentirosa os sacramentos da antiga Lei: porque, então, mentindo do mesmo modo, deveria aceitar a idolatria dos gentios, porque disse também que se fez sem Lei, para ganhar aqueles que estavam sem Lei: o que, certamente, não fez. De fato, em lugar algum sacrificou aos ídolos ou adorou aquelas imagens; antes, como mártir de Cristo, livremente mostrou que tais práticas deviam ser detestadas e evitadas. Portanto, nenhum dos atos ou palavras dos apóstolos podem ser apresentados por estes como exemplo de mentira a ser imitado. Porém, parece-lhes que dos fatos e dos ditos proféticos têm algo a apresentar, porque consideram serem mentiras as figuras proféticas, já que, às vezes, são semelhantes às mentiras. Mas, quando os fatos e os ditos são relacionados às coisas das quais são símbolo, ver-se-á que os símbolos são verdadeiros e, por isso, de modo algum são mentiras. Afinal, mentira é a falsa significação com a vontade de enganar. Mas não existe falsa significação, embora através de uma coisa indica-se outra e, todavia, é verdadeiro o que se quer significar, se for corretamente entendido.

— SEPARAM-SE PASSAGENS DO EVANGELHO —
QUE PARECEM APOIAR A MENTIRA.

13. 27. No Evangelho do Salvador existem também algumas coisas nas quais o próprio Senhor dignou-se ser o Profeta dos Profetas. Entre estas, estão as palavras que disse à mulher que sofria de fluxo de sangue: *Quem me tocou?* (Lc 8,45) e sobre Lázaro: *Onde o pusestes?* (Jo 11,34). Na verdade, perguntou assim, como se não soubesse o que realmente sabia. Por isso, fingiu não conhecer para que sua ignorância tivesse outro significado: e porque a significação era verdadeira, simplesmente não era mentira. Por isso, tanto aquela que sofria de fluxo de sangue quanto aquele que estava morto há quatro dias representavam aqueles que, de algum modo, não conheciam aquele que tudo sabia. De fato, tanto aquela mulher representava os povos dos gentios e, então, fora predita a profecia: *Um povo que eu não conhecia me serviu* (Sl 17,45), quanto Lázaro, separado dos vivos, como por uma semelhança simbólica jazia ali onde está a voz: *Fui expulso de diante de teus olhos* (Sl 30,23). E assim, como se Cristo não soubesse quem era ela, nem onde puseram o outro, nas palavras de quem perguntou está simbolizada e, por essa significação verdadeira, evitada toda a mentira.

SIMBOLICAMENTE, CRISTO FINGIU NÃO SABER O QUE SABIA. TAMBÉM, PROFÉTICA E FIGURADAMENTE, FINGIU IR MAIS ADIANTE.

13. 28. Aqui vem também o que lembraste que eles dizem: que o Senhor Jesus, depois da ressurreição, andava pelo caminho com dois discípulos e, aproximando-se da vila para onde iam, ele fingiu ir mais adiante. Por isso, o evangelista diz: *Ele, porém, fingiu ir mais adiante* (Lc 24,28); e, também, usou a mesma palavra com a qual os mentirosos se divertem para mentir impunemente, como se fosse mentira tudo o que se finge, quando se fingem tantas coisas para significar outras realidades diferentes. Portanto, se, ao fingir que ia mais adiante, Jesus nada mais quisesse indicar, com razão, poder-se-ia julgar que estava mentindo; na verdade, porém, se for bem entendido e for referido àquilo que ele queria indicar, vê-se que é um mistério. Caso contrário, serão mentiras todas as coisas que, por terem alguma semelhança com as coisas figuradas, se não aconteceram, são narradas como se tivessem acontecido. Assim é a tão prolixa narração dos dois filhos de um homem: o mais velho que permaneceu junto ao pai e o mais novo que viajou para mais longe (cf. Lc 15,11-32). Nesse tipo de fingimento, os homens foram adiante, atribuindo fatos e ditos humanos a animais irracionais e a coisas inanimadas, para que, através de narrações fictícias, mas com significações verdadeiras, indicassem mais fortemente o que queriam. Assim, entre os autores da literatura secular, como em Horácio, o rato fala com o rato, a doninha, com a raposa, para que, através da narração fictícia se chegue ao verdadeiro sentido do tema em questão (HORÁCIO, *Serm.* 2,6; *Epist.* 1,7); por isso, também Esopo (ESOPO, *Fábulas*), narrou fábulas com o mesmo objetivo e não houve ninguém tão ignorante que as julgasse mentiras: mas também nas Letras sagradas, como no Livro dos Juízes, as árvores procuram um rei para si, e falam com a oliveira, a figueira, a videira e o espinheiro (cf. Jz 9,8-15). É toda uma narração fictícia que tende a um objetivo que é, através de uma narração fictícia, chegar não a uma mentira, mas a um significado verdadeiro. Disse isso por causa daquilo que está escrito sobre Jesus: *Ele fingiu ir mais adiante*, para que, por essas palavras, ninguém, como os priscilianistas, queira considerar lícita a mentira, sobretudo defendendo que Cristo teria mentido. Mas quem quiser entender o que ele prefigurou com esse fingimento, preste atenção ao que fez nos atos seguintes. Porque depois, foi mais adiante, acima de todos os céus e, todavia, não abandonou seus discípulos, pois, para significar o que depois faria com poder divino, fingiu fazê-lo no presente com um gesto humano. E, por isso, a verdadeira significação está prenunciada naquele fingimento, porque nesta sua partida está a verdade da significação que se seguiu. Por isso, só defende que Cristo mentiu com seu fingimento quem negar aquilo que ele cumpriu ao realizar aquilo que significou.

— EXEMPLOS DA ESCRITURA ANTIGA, SE ALI SE — NARRAREM MENTIRAS DOS HOMENS, NÃO DEVEM SER IMITADAS.

14. 29. Portanto, porque os hereges mentirosos não encontram nos escritos do Novo Testamento exemplos de mentira a serem imitados, e porque julgam que, nesta disputa pela qual é lícita a mentira, existem numerosíssimos exemplos nos Livros proféticos do Antigo Testamento, e porque ali aqueles feitos e ditos aos quais se referem não aparecem de maneira clara a não ser aos poucos que entendem o seu significado, eles acreditam encontrar e descobrir ali muitas mentiras. Mas, desejando ter modelos nos quais se esconder como exemplos de enganar, enganam-se a si mesmos e sua iniquidade mente a si próprios (cf. Sl 26,12). Mas aquelas pessoas nas quais não se deve crer que quisessem profetizar, quando por ditos e fatos desejavam enganar, embora seus atos e palavras tenham em si um sentido profético, semeado e disposto previamente pela onipotência daquele que soube também tirar o bem dos males dos homens, todavia, em relação ao que elas disseram, não há dúvida de que mentiram. Mas isso não significa que devam ser imitadas porque se encontram naqueles Livros que, com razão, são chamados santos e divinos, pois neles estão escritas as coisas más e boas dos homens, aquelas para serem evitadas, estas para serem seguidas: e algumas coisas estão ali para que nos sirva de sentença, outras, tacitamente, nos são deixadas como juízo, porque não só devemos alimentar-nos com as coisas manifestas, mas também é oportuno que nos exercitemos nas obscuras.

— PARA NÃO IMITAR A FORNICAÇÃO DE JUDÁ, —
NEM A MENTIRA DE TAMAR.

14. 30. Ora, por que estes julgam que deviam imitar a mentira de Tamar e julgam que não se deve imitar a fornicação de Judá? (cf. Gn 38,14-18). Pois ali leram ambas as coisas e a nenhuma delas a Escritura culpou ou louvou: mas, somente narrou a ambas e as deixou para nós fazermos o juízo de ambas: mas, seria de admirar que permitisse imitá-las impunemente. Ora, sabemos que Tamar mentiu não por paixão libidinosa, mas pela vontade de conceber. E a fornicação, embora o ato de Judá não tenha sido isso, pode ser que alguém o faça para libertar um homem, como aquela mentira foi para que um homem fosse concebido; então, dever-se-ia fornicar se por causa disso fosse permitido mentir? Por isso, devemos considerar que juízo devemos emitir não só sobre a mentira, mas também sobre todos os atos dos homens nos quais existem como que pecados compensativos, para não abrirmos a porta para alguns pecados menores, mas também para todos os crimes, pois não pode haver crime, infâmia ou sacrilégio no qual não possa existir algo que não subverta toda a probidade de vida.

A MENTIRA É SEMPRE INJUSTA, JÁ QUE É PECADO E CONTRÁRIA À VERDADE.

15. 31. Porém, não se deve julgar de outro modo aquele que afirma existirem algumas mentiras justas, a não ser que existam pecados justos e, por isso, que são justas algumas coisas que são injustas: o que pode ser mais absurdo do que isso? Afinal, o que é um pecado senão aquilo que é contrário à justiça? Diga-se, então, que existem pecados grandes e pecados pequenos; é verdade, e não devem ser ouvidos os Estoicos, que dizem que todas as coisas são iguais: mas, dizer que alguns pecados são injustos e alguns são justos, que é senão dizer que algumas iniquidades são injustas e outras são justas? Já que o Apóstolo João diz: *Todo aquele que comete pecado, pratica também a iniquidade, porque o pecado é uma iniquidade* (1Jo 3,4). Portanto, o pecado não pode ser justo, a não ser que demos o nome de pecado a algo que não o é, no qual alguém não peca, mas faz algo ou sofre pelo pecado. Pois, tanto os sacrifícios pelos pecados são chamados de pecados quanto as penas dos pecados, às vezes, são chamadas de pecados. Na verdade, estes podem ser entendidos como pecados justos, já que os sacrifícios são justos e as punições são justas. Mas, as coisas que se fazem contra a lei de Deus não podem ser justas. Afinal, foi dito a Deus: *Tua lei é a verdade* (Sl 118,142). E, por isso, o que é contra a verdade não pode ser justo. Ora, quem duvida que toda a mentira é contra a verdade? Portanto, nenhuma mentira pode ser justa. Assim, quem não tem certeza de que tudo o que é justo vem da verdade? Mas João diz: *Nenhuma mentira vem da verdade* (1Jo 2,21). Portanto, toda a mentira não é justa. Por isso, quando pelas Escrituras santas nos são propostos exemplos de mentiras, ou não são mentiras, mas acredita-se que sejam porque não são compreendidos, ou se são mentiras não devem ser imitados, porque não podem ser justos.

— COM AS PARTEIRAS HEBREIAS E COM RAAB — NÃO SE REMUNERARAM OS ERROS, MAS A BENEVOLÊNCIA.

15. 32. Porém, quando está escrito que Deus teria feito o bem às parteiras Hebreias (cf. Ex 1,17-20) e a Raab, a meretriz de Jericó (cf. Js 2; 6,25), isso não aconteceu porque elas mentiram, mas porque usaram de misericórdia com os homens de Deus. Por isso, nelas não foram remunerados os seus erros, mas a benevolência, a benignidade da mente, não a iniquidade de quem mentiu. Pois, como não seria de admirar nem absurdo que Deus quisesse perdoar as obras más cometidas no tempo anterior por causa das obras boas feitas posteriormente, assim não é de admirar que Deus, vendo em um mesmo tempo e em uma única causa as duas coisas, isto é, o ato de misericórdia e o fato de enganar, tanto remunerou o bem quanto, por causa desse bem, perdoou aquele mal. De fato, se os pecados que se cometem pela concupiscência da carne, não por misericórdia, são perdoados por causa das obras de misericórdia, por que não são perdoados, por mérito da misericórdia, aqueles que são cometidos por causa da própria misericórdia? Pois é mais grave o pecado cometido com a intenção de prejudicar do que o pecado cometido com a intenção de ajudar. E, por isso, se aquele é perdoado por obras de misericórdia feitas subsequentemente, por que este que é mais leve não é perdoado pela própria misericórdia do homem, tanto se precede o ato de pecar quanto se é concomitante ao pecado? Assim, pode-se considerar: na verdade, uma coisa é dizer: Sem dúvida, eu não devia pecar, mas farei obras de misericórdia com as quais apagarei o que antes pequei; outra coisa é dizer: Devo pecar, porque, caso contrário, não posso usar de misericórdia. Por isso, afirmo que uma coisa é dizer: Pequemos para fazer o bem. Ali se diz: Façamos o bem, porque fizemos o mal; aqui, porém, se diz: *Façamos o mal para que venham coisas boas* (Rm 3,8). E, por isso, ali deve-se esvaziar a fonte do pecado, aqui devemos precaver-nos contra uma doutrina de pecar.

AS TAREFAS ETERNAS E IMORTAIS NÃO DEVEM SER BUSCADAS POR NENHUMA MENTIRA.

15. 33. Assim, resta que compreendamos que aquelas mulheres, quer no Egito, quer em Jericó, receberam uma recompensa por sua humanidade e misericórdia, certamente temporal, mas capaz de prefigurar algo eterno mediante um significado profético por elas ignorado. Mas, se alguma vez, até para a salvação de uma pessoa, deve-se mentir, é um problema que os mais doutos lutam por resolver e excede muito àquelas mulheres crescidas naqueles povos e acostumadas àqueles costumes. Por isso, a paciência de Deus sustentava esta sua ignorância, como outras coisas que igualmente desconheciam, e não devem ser sabidas pelos filhos deste mundo, mas do mundo futuro: e, todavia, por causa da benignidade humana que mostraram a seus servos, concedia-lhes recompensas terrenas, mas que continham algum significado celeste. E, de fato, libertada de Jericó, Raab passou a pertencer ao povo de Deus, no qual pudesse progredir para chegar a tarefas eternas e imortais, que jamais poderiam ser alcançadas com a mentira.

— TALVEZ, ÀS VEZES, BONS HOMENS PODERIAM —
MENTIR PARA A SALVAÇÃO DO OUTRO.

16. 33. Agora, todavia, quando Raab prestou aos exploradores Israelitas aquela obra boa e louvável por sua condição de vida, ainda não era tal para dela se exigir: *Esteja em vossa boca: sim, sim; não, não* (Mt 5,37). Mas aquelas parteiras Hebreias, embora julgassem somente segundo a carne, de que e quanto lhes serviria a remuneração temporal, porque fizeram casas para si, a não ser que progredindo pertencessem àquela casa da qual canta-se a Deus: *Bem-aventurados os que habitam em tua casa, louvar-te--ão pelos séculos dos séculos?* (Sl 83,5). Mas deve-se reconhecer que se aproxima muito da justiça, embora não da própria realidade; todavia, já pela esperança e disposição, deve ser louvado o espírito que nunca mente a não ser com a intenção pela qual quer ser útil a alguém, mas sem prejudicar a ninguém. Mas nós, quando perguntamos se bons homens, por vezes, podem mentir, não perguntamos sobre o homem que ainda pertence ao Egito, ou a Jericó, ou à Babilônia, ou ainda à própria Jerusalém terrena, que serve com seus filhos, mas sobre o cidadão daquela cidade que acima é livre, a nossa mãe eterna nos céus (cf. Gl 4,25-26). E a nós que perguntamos, responde-se: *Toda a mentira não vem da verdade* (1Jo 2,21). Porém, os filhos daquela cidade são filhos da verdade. E sobre os filhos dessa cidade está escrito: *Em sua boca não se encontrou mentira alguma* (Ap 14,5). O filho dessa cidade é aquele do qual também está escrito: *O filho que guarda a palavra está muito longe da perdição; recebendo-a, porém, recebe-a para si e nada de falso sairá de sua boca* (Pr 29,27). Se desses filhos da Jerusalém celeste, da eterna e santa Cidade, sendo homens, sair alguma mentira, humildemente, pedem perdão, e daí não buscarão uma glória maior.

AS PARTEIRAS HEBREIAS E RAAB TERIAM AGIDO MELHOR NÃO QUERENDO MENTIR.

17. 34. Mas, se alguém disser: Portanto, aquelas parteiras e Raab teriam agido melhor se, não querendo mentir, não usassem de nenhuma misericórdia? E até aquelas mulheres Hebreias, se estivessem entre aqueles às quais perguntamos se, às vezes, lhes era lícito mentir, não diriam algo falso e livremente recusar-se-iam a cumprir a detestável tarefa de matar as crianças. Mas, dirás, elas próprias morreriam. E veja as consequências: De fato, morreriam com uma recompensa incomparavelmente maior de habitação celeste do que aquelas casas que puderam fazer para si na terra. E morreriam para desfrutar na felicidade eterna a morte sofrida por uma inocentíssima verdade. E o que dizer daquela em Jericó? Poderia fazer o mesmo? Se mentindo não enganasse os cidadãos que perguntavam, dizendo a verdade poderia entregar os hóspedes que estavam escondidos? Ou poderia dizer aos que interrogavam: Sei onde estão, mas temo a Deus e não os entrego? Na verdade, poderia dizer isso se já fosse uma verdadeira *Israelita em quem não há dolo* (Jo 1,47), o que, no futuro, por misericórdia de Deus seria ir para a cidade de Deus. Porém, tu dirias, tendo ouvido isso, eles a matariam e vasculhariam a casa. Mas, seria certo que eles encontrariam aqueles que ela ocultara com diligência? Pois, a prudentíssima mulher previa isso e os pôs onde pudessem ficar escondidos mesmo que não acreditassem em suas mentiras. Assim, também ela, se fosse morta por seus cidadãos por causa das obras de misericórdia teria terminado esta vida mortal com uma morte preciosa aos olhos do Senhor (cf. Sl 115,15) e, para eles, seu benefício não teria sido em vão. Mas dirás o que aconteceria se aqueles que procuravam, vasculhando tudo, chegassem ao lugar em que os ocultara? Isso pode ser dito desse modo: O que aconteceria se não quisessem crer em uma mulher muito vil e torpe, não só quando mentia, mas também quando cometia perjúrio? Realmente, ainda assim teria conseguido aquilo que temendo havia mentido.

E onde pomos a vontade e o poder de Deus? Ou será que não podia proteger tanto a mulher para não mentir a seus cidadãos, nem trair os homens de Deus quanto aqueles que eram dos seus de toda a desgraça? Pois aquele que os tinha protegido, mesmo após a mentira da mulher, poderia tê-los protegido embora ela não tivesse mentido. A não ser que, talvez, tenhamos esquecido o que aconteceu em Sodoma, onde alguns homens inflamados pela vergonhosa paixão contra os homens nem sequer puderam encontrar a porta da casa na qual estavam aqueles que procuravam, quando um homem justo, em uma causa absolutamente semelhante, não quis mentir em favor de seus hóspedes, que não sabia serem anjos, mas temia que sofressem uma violência pior do que a morte. E, certamente, teria podido responder aos que perguntavam a mesma coisa que respondeu em Jericó aquela mulher, já que a ele perguntavam de forma semelhante. Mas o homem justo não quis que, para salvar o corpo de seus hóspedes, fosse manchada a sua alma com uma mentira; mas, para eles preferiu que fossem violentados os corpos de suas filhas pela iniquidade da paixão dos estranhos (cf. Gn 19,5-11). Portanto, faça o homem o que puder para a salvação temporal dos homens, mas quando chegar a este ponto de não poder prever tal salvação a não ser pecando, julgue-se não ter o que fazer quando vir que o que lhe resta fazer não deve fazer corretamente. Por isso, a Raab em Jericó seja louvada e deve ser imitada pelos cidadãos da Jerusalém celeste, porque hospedou os homens peregrinos de Deus, porque ao acolhê-los correu um grande perigo, porque acreditou no Deus deles, porque os ocultou com diligência quanto pôde, porque lhes deu o fidelíssimo conselho de voltar por outro caminho. Porém, pelo fato de ter mentido, embora inteligentemente ali se exponha algo profético, todavia sabiamente não se propõe para ser imitado: embora Deus tenha honrado, memoravelmente, aqueles bens e, clementemente, tenha perdoado o mal.

— REGRA PELA QUAL DEVEM SER REDIGIDAS AS — COISAS QUE NAS ESCRITURAS SÃO DITAS COMO EXEMPLOS DE MENTIRA.

17. 35. Sendo assim, porque seria longo demais tratar de todas as coisas que foram postas naquela Libra de Dictínio como exemplos de mentira a serem imitados, na minha opinião, deve-se aplicar esta regra não só nessas coisas, mas também em todas as outras semelhantes a estas, porque se se crê que aconteceu assim, deve-se mostrar que não é uma mentira, ou se se cala a verdade, não se diga o que é falso, ou onde o verdadeiro significado quer ser compreendido de modo diverso, pois de ditos e de fatos com valor figurado estão cheios os Escritos proféticos: ou as coisas que nos persuadem que são mentiras, mostre-se que não devem ser imitadas e se alguma vez esse pecado ou outro nos surpreender, não devemos atribuir-lhe justiça, mas pedir perdão. Na verdade, esta é minha opinião e a essa sentença leva-me tudo o que discutimos precedentemente.

— SE SE DEVE ESCONDER AO DOENTE O QUE — LHE TRARIA A MORTE. NÃO SE DEVE TEMER QUE A VERDADE HOMICIDA NÃO SEJA DITA.

18. 36. É verdade que somos homens e que vivemos entre os homens, mas confesso que ainda não pertenço ao número daqueles aos quais os pecados compensativos não perturbam; mas, nas coisas humanas, muitas vezes, o sentimento humano me vence e não consigo resistir quando me diz: Eis que o doente sofre de uma grave doença e suas forças já não poderiam suportar se lhe for anunciado que seu único e amantíssimo filho está morto; ele te pergunta se vive aquele que sabes que sua vida acabou; o que responderás, quando o que disseres além de uma das três respostas: Está morto; vive; não sei, e ele não acredita senão que está morto, pois ele compreende que temes dizer a verdade e não queres mentir? A mesma coisa vale, embora simplesmente te cales. Porém, daquelas três respostas, duas são falsas: Vive, e, não sei; e não podem ser ditas por ti, a não ser mentindo. Porém, se disseres a única coisa verdadeira, isto é, está morto, e seguir a morte do homem perturbado, as pessoas gritarão que foi morto por ti. E quem suportaria pessoas que exageram no tamanho do mal de evitar uma mentira que salva e amam uma verdade homicida? Essas objeções inquietam-me com veemência, e seria de admirar se me inquietassem também com sabedoria. Pois, já que me proponho pôr diante dos olhos do meu coração a inteligível beleza daquele de cuja boca nenhuma falsidade pode sair, embora onde mais e mais brilha a verdade, ali mais palpitante reverbera a minha fraqueza: todavia, sinto-me inflamado de tanto amor pela beleza, que desprezo todas as coisas que dela me afastam. Mas, seria demais que esse afeto persevere para que não diminua o efeito da tentação. E não me perturba quando contemplo o luminoso bem no qual não existe nenhuma sombra de mentira que, a nós que não queremos mentir e aos homens que morrem por ouvir a verdade chamada de homicida. Pois, será que se uma mulher impudica te espera para o estupro, e tu não consentires, ela morrerá por seu louco amor e, então, será homicida também a castidade? Ou será porque lemos: *Nós somos o bom perfume de Cristo em todo o lugar, tanto naqueles que se salvam quanto naqueles que perecem: na verdade, para alguns o odor da vida para a vida, para outros, porém, odor de morte para a morte* (2Cor 2,15-16); chamaremos de homicida, também, o perfume de Cristo? Mas, porque somos homens e, muitas vezes, em tais problemas e contradições nos supera ou nos fatiga o sentido humano, pois isso, logo ele acrescenta: *E para isso, quem é idôneo?* (2Cor 2,16).

— PERMITIDA A MENTIRA NO CASO PROPOSTO, —
COMO É DIFÍCIL FINGIR AS FINALIDADES COM
MENTIRAS, PARA NÃO CRESCEREM ATÉ
PECADOS GRAVES.

18. 37. Acrescente-se aqui que há algo mais miserável a ser lamentado, pois, se concedermos que se pode mentir para preservar a saúde do doente que pergunta sobre a vida de seu filho, aos poucos e gradualmente esse mal cresce e, com breves concessões, que se introduzem gradativamente, torna-se um monte de mentiras infames, para as quais nunca se poderá encontrar um meio que, com pequenos acréscimos, se possa opor a tamanha peste e, com isso, mantê-lo afastado. Por isso, muito providencialmente está escrito: *O que despreza as coisas pequenas pouco a pouco cairá* (Eclo 19,1). Que dizer, então, se tais amantes desta vida, que não hesitam antepô-la à verdade para que o homem não morra, e até, para que um homem destinado a morrer, morra somente algum tempo depois, desejam não só que mintamos, mas também que cometamos perjúrio, de modo que, para que não passe rápido a existência vã do homem, tomemos em vão o nome do Senhor nosso Deus? E, entre eles, existem uns sabidos que até estabelecem regras e fixam limites para quando se deve ou não se deve perjurar. Oh! Onde estais, fontes de lágrimas? E o que faremos? Para onde vamos? Onde nos ocultaremos da ira da verdade se não só negligenciamos evitar as mentiras, mas até nos atrevemos a ensinar o perjúrio? Vejam, pois, os protetores e defensores da mentira que espécie ou quais os tipos de mentiras que querem justificar: se, ao menos, concedem que não se deve mentir em relação ao culto de Deus; que, ao menos, se contenham dos perjúrios e das blasfêmias; ao menos, onde está o nome de Deus, onde Deus é invocado como testemunha, onde se interponha o sacramento de Deus, onde a religião divina for proclamada ou discutida, que ninguém minta, ninguém louve, ninguém ensine ou ordene, ninguém diga que a

142

mentira é justa: quanto às outras espécies de mentiras, cada um que gosta de mentir escolha para si o tipo que julga ser mais manso e mais inocente. Porém, de uma coisa eu sei: aquele que também ensina que é oportuno mentir quer ser visto como aquele que ensina a verdade. Pois, se é falso o que ensina, quem quererá estudar uma falsa doutrina, onde tanto se engana quem ensina como é enganado quem aprende? Porém, se puder encontrar um discípulo, ele afirma que ensina a verdade, embora ensine a mentir. Como a mentira poderá ser verdade, se o Apóstolo João reclama: *Toda a mentira não vem da verdade* (1Jo 2,21). Portanto, não é verdade que alguma vez se pode mentir, e o que não é verdade não se deve, absolutamente, propor a ninguém.

— PARA ENSINAR AO QUE DUVIDA SE NÃO DEVE —
COMETER UM ESTUPRO, DA MESMA FORMA
NÃO SE DEVE MENTIR.

19. 38. Mas a fraqueza, exercendo seu papel e com o apoio de multidões, proclama que sua causa é invencível, quando contradiz e diz: Como entre os homens pode-se ajudar aos homens que correm perigo se somente pelo engano podem livrar-se do infortúnio – alheio ou próprio – se o afeto humano nos inclina a não mentir? Se a turma dos mortais e a turma da doença pacientemente me ouvir, responderei algo em defesa da verdade. Certamente, a piedosa, verdadeira e santa castidade não procede senão da verdade: e quem age contra ela, certamente, age contra a verdade. Por que, então, se não houver outra forma de socorrer os que estão em perigo, não cometo um estupro, que é contrário à verdade porque é contrário à castidade? E, para socorrer os que correm perigo, digo mentiras, o que é, abertamente, contrário à verdade? O que tanto nos promete a castidade, que ofende a verdade? Pois toda a castidade vem da verdade e, embora não seja do corpo, pois a verdade é a castidade da mente, e na mente habita também a castidade do corpo. Por fim, o que eu disse pouco antes e novamente o digo, quem me contradiz, para me persuadir e defender alguma mentira, o que diz se não diz a verdade? Mas, se deve ser ouvido porque diz a verdade, como quer que seja verdadeiro dizendo a mentira? Como pode a mentira usar a verdade como sua protetora? Ou será que vence seu adversário para vencer a si mesma? Quem poderá suportar tal absurdo? Portanto, de forma alguma devemos dizer que são verdadeiros os que afirmam que algumas vezes deve-se mentir; nem, o que é muito absurdo e uma grande tolice, crer que a verdade nos ensina a mentir. Afinal, ninguém aprende a cometer adultério através da castidade, ninguém aprende a ofender a Deus através da piedade, ninguém aprende a fazer o mal a alguém através da benignidade; e aprendemos a mentir através da verdade? Pois, se a verdade não nos ensina isso, não é verdade, e se não é verdade, não se deve aprender: se não se deve aprender, por isso, nunca se deve mentir.

SE DE OUTRA FORMA PERMITEM-SE AS MENTIRAS, DEVE-SE TEMER QUE NÃO PROGRIDA ATÉ OS PERJÚRIOS E AS BLASFÊMIAS.

19. 39. Mas, alguém diz: *O alimento sólido é para os perfeitos* (Hb 5,14). Pois, muitas coisas são toleradas devido à fraqueza humana, embora não agradem à sinceríssima verdade. Diga isso aquele que não teve medo das consequências das coisas que devem ser temidas, se, de algum modo, forem permitidas algumas mentiras. Todavia, de modo algum deve-se permitir que cheguem a tal ponto que se transformem em perjúrios e blasfêmias: pois, não é oportuno que se defenda uma causa na qual se deva perjurar, ou, o que é mais execrável, que Deus seja blasfemado. Realmente, não é verdade que não se blasfema porque se blasfema mentindo. Do mesmo modo, poder-se-ia dizer que não se perjura porque se perjura mentindo. Mas alguém poderia perjurar usando a verdade? Da mesma forma, ninguém pode blasfemar movido pela verdade. De fato, jura falso mais levemente aquele que não sabe que é falso e julga ser verdadeiro aquilo que jura: como também Saulo blasfemou de maneira mais escusável porque o fez por ignorância (cf. 1Tm 1,13). De qualquer forma, porém, é pior blasfemar do que perjurar, porque, perjurando toma-se Deus como testemunha de uma coisa falsa; blasfemando, porém, são ditas coisas falsas do próprio Deus. Todavia, o perjúrio, ou a blasfêmia, é tanto mais imperdoável quanto mais alguém se dá conta ou suspeita que sejam falsas as coisas que afirma perjurando ou blasfemando. Por isso, quem diz que pela saúde temporal e pela vida do homem em perigo deve-se mentir, esse afasta-se demasiadamente do caminho da eterna salvação e da vida, se disser que, por esse motivo, deve-se jurar em nome de Deus e blasfemar contra Deus.

SE SE DEVE MENTIR, AO MENOS, PELA SALVAÇÃO ETERNA DO HOMEM. EM PERIGO DE SALVAÇÃO ETERNA, ASSIM COMO NÃO SE DEVE APOIAR O HOMEM NO ESTUPRO, TAMBÉM NÃO SE DEVE APOIÁ-LO NA MENTIRA, QUE É UM VERDADEIRO PECADO.

20. 40. Mas, às vezes, somos colocados diante da própria salvação eterna e se grita que, se esse perigo não puder ser afastado de outra forma, deve-se fazê-lo pela nossa mentira; como se aquele que deve ser batizado estivesse em poder dos ímpios e dos infiéis e a ele não se pudesse chegar para ser lavado no lavacro da regeneração a não ser que, mentindo, se enganem os guardas. Diante desse odiosíssimo clamor pelo qual somos obrigados a mentir, não para conseguir riquezas e honras nesse mundo que passa, nem para salvar a própria vida temporal, mas para a salvação eterna de um homem, para onde devo fugir, a não ser para ti, ó Verdade? E tu me propões a castidade. Por que, então, se, pela fornicação fazemos algo contrário à castidade, podemos obter que esses guardas permitam que batizemos esse homem e, se podem ser enganados pela mentira, fazemos coisas contrárias à verdade? Já que, sem dúvida, a ninguém a castidade seria fielmente amável se a verdade não for ordenada por ela. Por isso, para chegar a batizar o homem, enganem-se os guardas mentindo, se a verdade ordenar isso. Mas, como, para batizar um homem, a verdade ordena que se minta, se a castidade não ordena que para batizar um homem se cometa um adultério? Ora, por que a castidade não ordena isso, a não ser porque a verdade não o ensina? Portanto, se não devemos fazer senão o que a verdade ensina, já que, nem para batizar um homem a verdade ensina a fazer o que é contrário à castidade, como nos ensinará, para batizar um homem, o que é contrário à própria verdade? Mas, assim como os olhos são fracos para olhar o sol e, todavia, olham de boa vontade para as coisas iluminadas pelo sol,

146

da mesma forma, existem almas em condições de gozar a beleza da castidade, mas não igualmente capazes de avaliar devidamente a verdade da qual a castidade recebe luz, para que, quando acontecer que se deva fazer algo que é contra a verdade fujam e se horrorizem como fogem e se horrorizam se lhes for proposto que devem fazer algo contra a castidade. Porém, aquele filho que recebendo a palavra está muito longe da perdição, e nada de falso sairá de sua boca (cf. Pr 29,27), de modo que se considera tão proibido de ajudar um homem pela mentira como se tivesse de passar por um adultério. E o Pai ouve aquele que ora, para que possa ajudar sem mentir, pois o próprio Pai, cujos juízos são imperscrutáveis, quer ajudar. Portanto, esse filho abstém-se tanto da mentira quanto do pecado. Pois, às vezes, dá-se o nome de mentira ao próprio pecado, como quando se diz: *Todo o homem é mentiroso* (Sl 115,11). De fato, diz-se assim, como se dissesse: Todo o homem é pecador. E aquilo: *Mas, se a verdade de Deus cresceu por minha mentira* (Rm 3,7). Por isso, já que mente como homem, peca como homem e estará sujeito àquela sentença pela qual se diz: *Todo o homem é mentiroso*, e: *Se dissermos que não temos pecado, enganamo- -nos a nós mesmos e a verdade não está em nós* (1Jo 1,8). Mas, já que nada de falso procede de sua boca, ele será segundo aquela graça da qual foi dito: *Quem nasceu de Deus, não peca* (1Jo 3,9). Pois, se esta natividade fosse a única em nós, ninguém pecaria: e quando ela for a única, ninguém pecará. Agora, porém, ainda carregamos que nascemos corruptíveis, embora, segundo aquilo que renascemos, se andarmos bem, seremos renovados interiormente dia após dia (cf. 2Cor 4,16). Mas quando o que é corruptível se revestir de incorruptibilidade, a vida absorverá tudo e não permanecerá nenhum aguilhão de morte, porque o aguilhão da morte é o pecado (cf. 1Cor 15,53-56).

EPÍLOGO

21. 41. Portanto, ou as mentiras devem ser evitadas e agimos corretamente, ou nos confessamos e fazemos penitência: para que não abundem por uma vida vivida de maneira infeliz, nem se multipliquem sendo ensinadas. Mas, quem pensar assim, para socorrer um homem que corre perigo na sua salvação temporal e eterna, escolha qualquer outro tipo de mentira, contanto que entre eles não obtenhamos nenhuma causa pela qual seja oportuno chegar ao perjúrio e à blasfêmia e que julguemos esses crimes maiores ou, certamente, não menores do que os estupros. Ora, deve-se ter presente que, muitíssimas vezes, os homens provocam suas esposas ao juramento quando suspeitam de adultério delas: na verdade, não fariam isso se não acreditassem também que aquelas que não temeram cometer adultério, pudessem temer o perjúrio. Porque, certamente, algumas mulheres impudicas que não temeram enganar os maridos por uma união ilícita, mas diante dos próprios maridos que haviam enganado, temeram colocar deslealmente a Deus como testemunha. Por qual motivo, pois, um homem casto e religioso não quereria, por meio do adultério, ajudar um homem a ser batizado, e consentiria no perjúrio, que também os adúlteros costumam temer? Ora, se é nefasto agir assim perjurando, quanto mais blasfemando? Portanto, jamais aconteça que um cristão negue ou blasfeme contra Cristo para conseguir que alguém se torne cristão; e busque quem está perdido para encontrá-lo, pois se ensina tais coisas perde o que encontrou. Assim, então, deves refutar e destruir o livro, cujo nome é Libra, sabendo que, primeiramente, deve-se cortar a cabeça pela qual dogmatizam que se deve mentir para ocultar a própria religião, de modo que mostres que os testemunhos dos santos Livros que costumam usar para apoiar suas mentiras, em parte, não são mentiras e, em parte, quando o são, não devem ser imitados: e se a fraqueza chegar a exigir que lhe seja permitido o que levemente a verdade desaprova, em todo o caso, deves indiscutivelmente manter e defender que, em relação à divina religião, jamais se deve mentir; quanto aos que permanecem escondidos, porém, assim como não é permitido descobrir os adúlteros pelos adultérios, os homicidas pelos homicídios, os maléficos pelos malefícios, da mesma forma não devemos procurar os mentirosos pela mentira, os blasfemos pela blasfêmia; isso, segundo as muitas coisas que discutimos neste volume, que mal chegaremos a seu término, que fixamos nesse ponto.

Confira outros títulos da coleção em

livrariavozes.com.br/colecoes/pensamento-humano

ou pelo Qr Code

Conecte-se conosco:

f facebook.com/editoravozes

⌾ @editoravozes

𝕏 @editora_vozes

▶ youtube.com/editoravozes

☎ +55 24 2233-9033

www.vozes.com.br

Conheça nossas lojas:

www.livrariavozes.com.br

Belo Horizonte – Brasília – Campinas – Cuiabá – Curitiba
Fortaleza – Juiz de Fora – Petrópolis – Recife – São Paulo

EDITORA VOZES LTDA.
Rua Frei Luís, 100 – Centro – Cep 25689-900 – Petrópolis, RJ
Tel.: (24) 2233-9000 – E-mail: vendas@vozes.com.br